Stefanie Paul

Weimar

Der Kinderstadtführer

Bibliografische Information der Deutschen Nationalbibliothek:
Die Deutsche Nationalbibliothek verzeichnet diese Publikation in der
Deutschen Nationalbibliografie; detaillierte bibliografische Daten sind
im Internet über http://dnb.d-nb.de abrufbar.

© 2019 by Wartburg Verlag GmbH, Weimar
Printed in EU
In Kooperation mit der weimar GmbH

Das Buch wurde auf alterungsbeständigem Papier gedruckt.

Cover, Stadtplan und Illustrationen: Diana Griesbach/grafikdesigner-
innen, Weimar
Layout und Satz: makena plangrafik, Leipzig
Druck und Bindung: GRASPO, CZ a s., Zlin
Bildnachweis: S. 10, 24, 58, 67: Guido Werner; S. 14: © Evang.-Luth.
Kirchengemeinde Weimar, Foto: Constantin Beyer; S. 16: Lucas Cranach
d. Ä., Porträt Martin Luther 1546, Fogg Art Museum/wikimedia commons;
S. 27: Anna Amalia von Sachsen-Weimar, Gemälde von Johann Ernst
Heinsius (1769)/wikimedia commons; S. 29: Friedrich Schiller, Gemälde
von Anton Graff (1786-1791)/wikimedia commons; S. 31, 36: Maik Schuck;
S. 35: Goethe in der roemischen Campagna, Gemälde von Johann
Heinrich Wilhelm Tischbein (1786/87)/wikimedia commons; S. 45:
Matthias Eckert; S. 47: Johann Gottfried Herder, Gemälde von Anton Graff
(1785), Gleimhaus Halberstadt/wikimedia commons; S. 49: Johannes
Daniel Falk, Gemälde von Christiane Henriette Westermayr, Klassik-
Stiftung Weimar; S. 62: Alexander Burzik, S. 64: Thomas Müller, S. 65:
Louis Held/wikimedia commons; S. 76: Pascal Rehfeldt/wikimedia
commons; S. 84: R. Möhler/wikimedia commons

ISBN 978-3-86160-561-4
www.wartburgverlag.net

Willkommen in Weimar!

Das Beste gleich mal vorneweg: Weimar ist nicht besonders groß. Das ist super! Denn dadurch findet man sich in der Stadt ziemlich schnell zurecht – und fast alle Sehenswürdigkeiten lassen sich prima zu Fuß erreichen. Man stolpert regelrecht über sie, denn an fast jeder Ecke gibt's in Weimar etwas zu bestaunen und zu entdecken. Manchmal könnte man fast meinen, die Stadt sei ein riesiges Museum. So viel gibt es hier zu sehen!

Das hat damit zu tun, dass in Weimar einmal viele berühmte Menschen lebten. Zum Beispiel die Dichter Johann Wolfgang von Goethe und Friedrich Schiller. Viele Touristen kommen nur ihretwegen in die Stadt. Sie wollen sehen, wie die beiden Dichter gelebt haben. Natürlich geht es auch in diesem Buch um Goethe und Schiller. Aber nicht nur! Denn wir wollen mehr erfahren, über die Stadt und ihre Geschichte. Zum Beispiel darüber, warum ein Herzog vor rund 500 Jahren Weimar zur Hauptstadt seines kleinen Reichs machte. Seitdem war hier nämlich überhaupt erst mal so richtig was los! Berühmte Maler kamen in die Stadt, Gelehrte und Künstler, Dichter und Musiker. Sie sorgten dafür, dass Weimar weltberühmt wurde!

Begib dich einfach auf Entdeckungstour und spaziere durch die kleinen, verwinkelten Gassen der Stadt. Dabei sollen dir aber keine Wege vorgeschrieben werden. Das ist in Weimar auch gar nicht nötig, denn, wie gesagt, hier gibt's an fast jeder Ecke etwas zu sehen.

Viel Spaß!

Inhalt

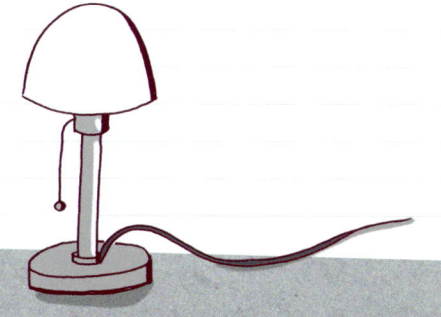

Der Herzog kommt!

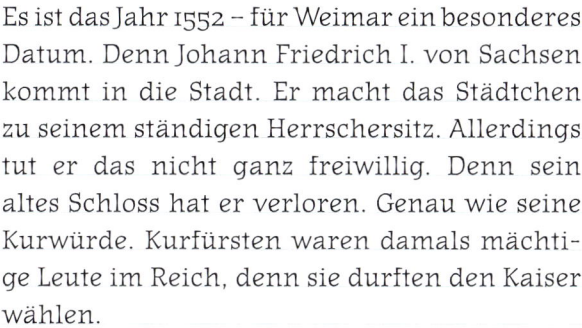

Es ist das Jahr 1552 – für Weimar ein besonderes Datum. Denn Johann Friedrich I. von Sachsen kommt in die Stadt. Er macht das Städtchen zu seinem ständigen Herrschersitz. Allerdings tut er das nicht ganz freiwillig. Denn sein altes Schloss hat er verloren. Genau wie seine Kurwürde. Kurfürsten waren damals mächtige Leute im Reich, denn sie durften den Kaiser wählen.

Johann Friedrich gehörte zum Herrschergeschlecht der Ernestiner. Deren Geschichte begann am 11. November 1485 in der Stadt Leipzig. Dort kam der Landtag gerade zusammen. Auch zwei Brüder waren mit dabei: Ernst und Albrecht. Sie gehörten zum Herrscherhaus der Wettiner, das war eines der ältesten Herrscherhäuser überhaupt.

Eigentlich regierten die Brüder gemeinsam über ihr Reich. Doch nun hatten sie Streit. Und Ernst beschloss: Wir teilen das Land auf! In Leipzig sollte die Trennung besiegelt werden. Mit großen Folgen: Nicht nur das Land wurde geteilt, auch die Familie! Sie spaltete sich in Albertiner und Ernestiner auf. Letztere waren Kurfürsten.

Was aber viel wichtiger ist: Die Ernestiner unterstützten Martin Luther und dessen Ideen. Sie traten zum protestantischen Glauben über – und zogen dafür sogar in den Krieg! Johann Friedrich führte den Schmalkaldischen Bund an. Das war ein Zusammenschluss von Fürsten, Grafen und Städten. Sie alle traten für den neuen Glauben ein und kämpften gegen den Kaiser.

Blöderweise verlor Johann Friedrich die entscheidende Schlacht. Er wurde gefangen genommen, verlor seine Kurwürde und den größten Teil seines Reiches. Darunter auch sein bisheriges Zuhause! Deshalb zog er nach Weimar, ins dortige Schloss. Aber er kam nicht allein. Er brachte seine Familie mit, Gelehrte und Künstler. So wie zum Beispiel den Maler Lucas Cranach den Älteren. Für mehrere Hundert Jahre sollte die Stadt nun die Residenz der Weimarer Herzöge sein!

Auf den nächsten Seiten wollen wir herausfinden, wie es in Weimar vor rund 500 Jahren war. Wir besuchen das Schloss, den Marktplatz und das Cranach-Haus, und wir werfen einen Blick in die Stadtkirche St. Peter und Paul. Los geht's!

Spuren der Vergangenheit

Der Kasseturm

Vor etwa 500 Jahren sah es in Weimar noch ganz anders aus. Die Stadt wurde von einer dicken Mauer gesichert. An den meisten Stellen war sie sogar dreifach befestigt: mit zwei Mauern und einem Wassergraben! Das sollte Angreifer abhalten. Der Platz, auf dem wir jetzt stehen, der Goetheplatz, lag damals außerhalb der Stadt.

Der dicke Turm direkt vor uns ist der Kasseturm. Früher war er ein Wehrturm und Teil der Stadtmauer. Aus den Schießscharten im ersten Stock lugten Kanonen hervor. Aber nicht nur Angreifer sollten von hier oben beobachtet werden, sondern auch die Stadt selbst. Die Wachleute hielten auch nach Feuer Ausschau! Denn damals waren die meisten Häuser noch mit Stroh gedeckt.

Später wurden die Stadtmauer und die meisten Wehrtürme abgerissen. Nur der Kasseturm blieb stehen. In ihm wurde das Geld des Herzogtums aufbewahrt, also die Kasse. Daher auch der Name.

Wusstest du, dass ...

... die Stadttore abends immer geschlossen wurden? Wer zu spät kam und trotzdem noch in die Stadt wollte, musste Sperrgeld bezahlen.

Ach so!

Wer früher nach Weimar hineinwollte, musste durch eines der Stadttore. Jedes hatte einen eigenen Namen: Jakobstor, Erfurter Tor, Kegeltor, Frauentor. Die Tore gibt es nicht mehr. Aber dort, wo sie standen, tragen noch heute Straßen und Plätze ganz ähnliche Namen. Vielleicht entdeckst du sie!?

Rund um den Marktplatz

Der Marktplatz 2

In alten Städten liegt der Marktplatz normalerweise im Zentrum. In Weimar ist das ein bisschen anders – und das hat mit der Geschichte des Platzes zu tun. Vor mehr als 600 Jahren wurden hier Ritterturniere ausgetragen. Deshalb war der Platz auch nicht gepflastert. Das änderte sich im Laufe der Zeit: Der Platz wurde vergrößert, rundherum bebaut und irgendwann auch befestigt. Heute hat der Marktplatz eine fast quadratische Form. Er ist etwa 60 Meter lang und etwa 60 Meter breit, und fast jeden Tag gibt es hier einen Markt. Natürlich darf da das Nationalgericht der Thüringer nicht fehlen! Hm, was könnte das wohl sein? Schau dich einmal um!

Der Neptun-Brunnen

Auf dem Marktplatz steht der Neptun-Brunnen. Er heißt so, weil in der Mitte eine Figur von Neptun, dem Meeresgott, steht. In der rechten Hand hält er seine Waffe – den Dreizack. Der Brunnen ist der älteste Weimars. Schon vor mehr als 500 Jahren wurde hier Wasser geschöpft.

Die Neptun-Figur ist allerdings nicht ganz so alt. Sie wurde vor rund 250 Jahren aufgestellt. Auf dem Sockel kannst du zwei Wörter lesen: „Quos ego". Das ist Latein und heißt übersetzt: „Euch will ich's zeigen!" Dieser Spruch stammt aus einer uralten Geschichte, der „Aeneis". Darin geht es um einen Mann, der nach dem Krieg über das Meer irrt und allerlei Abenteuer bestehen muss. An einer Stelle ruft der Meeresgott den tobenden Winden zu: „Euch will ich's zeigen!"

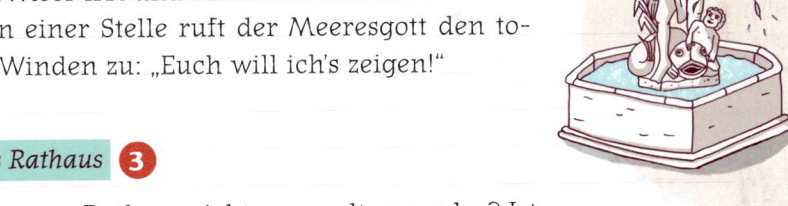

Das Rathaus 3

Das Weimarer Rathaus sieht super alt aus, oder? Ist es aber gar nicht. Es wurde erst 1841 gebaut, kurz nachdem an derselben Stelle das alte Rathaus abgebrannt war. Erbaut ist das Haus in einem besonderen Stil: Man nennt ihn Neogotik. Das bedeutet, man ahmte den Stil des Mittelalters nach. Das erkennt man zum Beispiel an den spitzen Fensterbögen. Im 19. Jahrhundert fanden viele Leute das total schick.

Wenn du ein paar Schritte zurücktrittst, kannst du oben im Turm weiße Glocken erkennen. Das ist ein Glockenspiel aus Porzellan. Es erklingt von Juni bis November, jeweils um 10, 12, 15 und 17 Uhr. Gespielt wird zum Beispiel „Freude schöner Götterfunken" oder „O du fröhliche".

Ach so!

In der Adventszeit verwandelt sich die Vorderseite des Rathauses in einen riesigen Adventskalender.

ꝑ Wusstest du, dass ...

... Lucas Cranach ein eigenes Wappen hatte? Es zeigt eine Schlange mit Flügeln – und im Maul trägt sie einen Ring. Entdeckst du das Wappen an der Hauswand? Wie könnte dein Familienwappen aussehen?

Das Cranach-Wohnhaus

Gegenüber vom Rathaus, auf der anderen Seite des Marktplatzes, steht das Cranach-Haus. Du erkennst es an seinem graugrünen Anstrich und den rosa-orange umrandeten Fenstern. In diesem Haus lebte vor rund 460 Jahren der Maler Lucas Cranach. Er hat den Beinamen „der Ältere". Das ist wichtig zur Unterscheidung. Denn sein Sohn hieß ebenfalls Lucas Cranach – und auch er war ein Maler! Ihn nennt man deshalb „den Jüngeren".

Berühmt ist Lucas Cranach vor allem für seine Porträts von Martin Luther. Die beiden waren gut befreundet. Außerdem war Cranach Hofmaler bei gleich drei Kurfürsten! Sein letzter Chef war Johann Friedrich I. von Sachsen. Als dieser 1552 nach Weimar zog, folgte ihm Cranach – und das, obwohl der Maler damals schon sehr alt war.

Lucas ... wer?

Manche Dinge im Leben von Lucas Cranach sind ein Rätsel, zum Beispiel sein genaues Geburtsdatum. Was man aber weiß: Sein eigentlicher Name war „Lucas Maler" und er wurde in der Stadt Kronach geboren. Das liegt heute im Bundesland Bayern. Nach dieser Stadt hat sich Cranach später benannt.

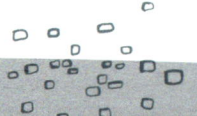

Am rechten Nachbarhaus von Cranach entdeckst du neben den Fenstern seltsame Steine mit Muschelverzierung. Das sind Tratschsteine. Im Mittelalter gab es sie an vielen Häusern. Man konnte sich draufsetzen, Leute beobachten und mit Bekannten tratschen. Findest du rund um den Marktplatz noch weitere Häuser mit solchen Steinen?

Rund um den Herderplatz

Herderplatz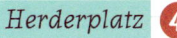

Heute ist es auf diesem Platz relativ ruhig. Doch vor rund 500 Jahren herrschte hier große Geschäftigkeit. Kaufleute boten ihre Waren an, Zeitungssänger verbreiteten die neuesten Nachrichten und Spielleute sorgten für Musik und Unterhaltung. Der Töpfermarkt, wie der Platz früher hieß, war der Mittelpunkt der Stadt – und ein wichtiger Knotenpunkt für den Verkehr. Der bestand damals natürlich noch nicht aus Autos, sondern aus Reitern und Fuhrwerken. Die beiden großen Verbindungsstraßen der Stadt kreuzten sich genau hier. Kannst du den alten Straßenverlauf erkennen? Schau mal auf den Stadtplan.

Ach so!

Neben der Stadtkirche St. Peter und Paul gibt es ein lustiges Wasserspiel. Findest du es?

Die Stadtkirche St. Peter und Paul 5

Die Stadtkirche gehört zu den wichtigsten Sehenswürdigkeiten Weimars. Das hat mit einem weltberühmten Gemälde zu tun. Entdeckst du es in der Kirche? Kleiner Tipp: Es ist das große Bild direkt hinter dem Altartisch.

Lange Zeit dachte man, das Bild habe Lucas Cranach der Ältere gemalt. Mittlerweile sind sich die Fachleute aber sicher, dass es von seinem Sohn stammt: Lucas Cranach dem Jüngeren. Dieser steht oft im Schatten seines berühmten Vaters, dabei war der Sohn mindestens genauso erfolgreich!

Aber lass uns das Bild mal genauer betrachten. Wow, da ist ja ganz schön was los! Im Mittelalter konnten die meisten Menschen nicht lesen. Deshalb malte man für sie so eine Art Bildergeschichte. In dieser Geschichte hier geht es um die Lehren von Martin Luther.

Schauen wir uns das Bild mal der Reihe nach an. Auf dem linken Flügel siehst du einen Mann und eine Frau. Das sind Johann Friedrich I. und seine Frau Sibylle. Hinter ihnen siehst du einen Vorhang mit den Buchstaben V. D. M. I. AE. darauf. Das ist eine Abkürzung und bedeutet: „Das Wort des Herrn bleibet in Ewigkeit." Das war das Motto der Ernestiner! Denn sie setzten sich sehr für Luthers Ideen und den protestantischen Glauben ein. Auf dem rechten Flügel siehst du die Söhne von Johann und Sibylle. Sie gaben das Bild in Auftrag.

Im Mittelteil erkennst du Martin Luther. Das ist der Mann mit dem schwarzen Mantel, in der Hand hält er eine Bibel. Daneben steht ein Mann mit weißem Rauschebart. Er schaut uns direkt ins Gesicht. Das ist Lucas Cranach der Ältere. Fällt dir an ihm etwas auf? Er wird von einem Blutstrahl getroffen. Der kommt direkt von Jesus Christus, dem Mann am Kreuz.

Das soll zeigen: Jeder kann von seinen Sünden erlöst werden. Der dritte Mann ist Johannes der Täufer. Er ist eine wichtige Figur in der Bibel, denn er soll Jesus getauft haben.

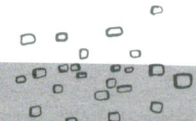

Kannst du erkennen, was über den drei Figuren schwebt? Ein kleiner Engel! Du kennst ihn vielleicht aus der Weihnachtsgeschichte. Dort verkündet er die Geburt von Jesus Christus. In der Hand hält er ein Banner, darauf steht: „Ehre sei Gott in der Höhe und Frieden auf Erden und den Menschen ein Wohlgefallen."

Am linken Rand erkennst du außerdem einen Mann mit einem flatternden roten Umhang. In der Hand hält er eine Lanze aus Licht und er scheint gerade zu kämpfen. Das ist ebenfalls Jesus, aber dieses Mal als Auferstandener! Er ist dabei, den Tod und den Teufel zu besiegen.

Info
Turm- und Glockenführung: immer dienstags um 17 Uhr, der Eintritt kostet 3 €

Wusstest du, dass ...

... in der Woche vor Ostern die beiden Altarflügel geschlossen werden? Erst in der Osternacht werden die Flügel wieder geöffnet. Denn in dieser Nacht soll Jesus von den Toten auferstanden sein.

Find's heraus!

Wenn du in Weimar nach dem Weg zur Stadtkirche fragst, dann antworten die meisten vermutlich: Zur Herderkirche geht's da lang! Warum man die Kirche so nennt, erfährst du auf Seite 47.

Ach so!

Siehst du die beiden großen Särge vor dem Altar? Rechts liegt Johann Friedrich und links seine Frau Sybille. Genau! Das sind die beiden vom Altarbild.

Wer war eigentlich ...?

Auf den meisten Bildern sieht er sehr ernst und fast ein bisschen grimmig aus. Wäre es nach seinem Vater gegangen, wäre Martin Luther Anwalt geworden. Doch er wurde Mönch und später Professor für Theologie. Wer hätte gedacht, dass Luther einmal die Welt verändern würde!

Vor rund 500 Jahren hatten die Menschen einen anderen Glauben: Gott war für sie nicht liebevoll und gütig, sondern streng und strafend. Das nutzte die Kirche aus und verkaufte Ablassbriefe. Mit diesen konnte man sich von seinen Sünden freikaufen. Für Leute mit Geld war das eine prima Sache. Nicht jedoch für die, die arm waren. Luther fand das unfair. Er war überzeugt, dass Gott alle Menschen liebt und Sünden vergibt, weil man dafür betet.

Mit seinen Ideen wollte Luther die Kirche eigentlich besser machen. Doch anderen Kirchenmännern gefiel das gar nicht. Sie beschimpften ihn als Ungläubigen und schlossen ihn aus der Kirche aus. Der Kaiser erklärte ihn für vogelfrei. Hätte ihm jemand etwas angetan, dann wäre derjenige ohne Strafe davongekommen. Das alles spornte Luther aber eher noch an. Denn es gab Leute, die zu ihm hielten und seine Ideen gut fanden. Zum Beispiel die Kurfürsten von Sachsen.

Luther brachte etwas in Gang, was wir heute Reformation nennen. An deren Ende war die Kirche gespalten. Es gab den alten katholischen Glauben und den neuen protestantischen Glauben. Luther predigte auch hier in Weimar, in der Stadtkirche.

Das Besondere: Er redete auf Deutsch und nicht auf Latein. So konnten ihn alle verstehen. Die Stufen hinauf zur Kanzel sind übrigens noch dieselben wie damals.

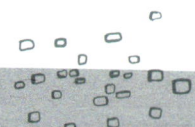

Schon vor etwa 1.000 Jahren stand an dieser Stelle eine Burg. Sie war zum Großteil aus Holz gebaut und von einem Wassergraben umgeben. Eines Tages brannte die Burg ab und eine neue wurde errichtet. Aber die ging blöderweise auch in Flammen auf. Also baute man noch eine Burg, aber dieses Mal komplett aus Stein! Das war die Burg „Hornstein".

Doch auch die sollte nicht ewig halten. 1618 brannte sie ab. Schuld daran war wohl ein Alchemist. Er versuchte, Metall in edles Gold zu verwandeln. Aber so einfach geht das natürlich nicht! Bei einem Experiment fing erst das Labor Feuer und schließlich das ganze Gebäude.

Einige Jahre später wurde an der gleichen Stelle das Schloss „Wilhelmsburg" errichtet. Aber auch dem erging es nicht besser. Manche behaupten, die Weimarer Bürger hätten das Schloss 1774 aus Wut und Ärger angezündet. Auf jeden Fall brannte es komplett ab. Der Herzog ließ daraufhin das Residenzschloss erbauen. Und genau das sehen wir heute vor uns. Um solche schlimmen Brände in Zukunft zu verhindern, rief der Herzog eine „Feuer-Companie" ins Leben. Dazu gehörten etwa 30 Männer, die rund um die Uhr Wache hielten.

Früher lebte im Schloss der Herzog mit seiner Familie. Doch seit 1923 wird das Schloss als Museum für Malerei genutzt.

Info
Das Stadtschloss ist voraussichtlich bis zum Jahr 2023 wegen Bauarbeiten geschlossen!

Kennst du den Unterschied zwischen einer Burg und einem Schloss? Ganz einfach: Eine Burg ist ein Wehrbau, mit dicken Mauern. Im Mittelalter gab es nur Burgen. Schlösser entstanden erst später. Denn diese sind vor allem zum Wohnen da. Die Schlossmauern sind nicht mehr so dick, es gibt große Fenster, viele Schnörkel und Türmchen.

Die Bastille

Das große Haus mit der grauen Fassade und den gelb umrandeten Fenstern ist das sogenannte Torhaus. Hast du eine Idee, warum es so heißt?

Wer früher ins Schloss wollte, musste genau hier durch. Das Torhaus und der Turm dahinter werden „Bastille" genannt. Das ist Französisch und heißt: kleine Bastion. Die Gebäude stammen noch aus dem Mittelalter, sie sind die Überreste der Burg „Hornstein" – und damit viel, viel älter als der Rest des Schlosses.

Lass uns mal einen Blick ins Torhaus werfen. Hier waren die Amtsstuben untergebracht. Das kann man sich ein bisschen wie unsere heutigen Rathäuser vorstellen. Die Amtsmänner hatten die Aufgabe, für den Herzog die Steuern einzutreiben und in seinem Namen für Recht und Ordnung zu sorgen. Im Keller des Torhauses wurden auch Gefangene eingesperrt und manchmal sogar gefoltert.

Wusstest du, dass ...

... der große Turm auch Hausmannsturm genannt wird. Warum? Na, weil dort der Hausmann wohnte. Man sagt auch Türmer dazu. Vom Turm aus hielt er Wache und schlug, wenn nötig, Alarm.

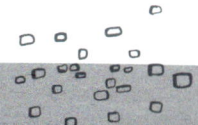

Über dem Torbogen kannst du ein besonderes Zeichen entdecken: zwei gekreuzte Schwerter. Das ist das Zeichen des sächsi-
schen Kurfürsten. Dieser spielte vor mehreren Hundert Jahren
eine wichtige Rolle im Reich. Denn er durfte, zusammen mit den
anderen Kurfürsten, den Kaiser wählen.

Die Dichter sind in der Stadt

Die Zeit der Weimarer Klassik

Heute würden wir sagen: Weimar ist eine echt schöne Stadt. Oder? Mit bunten Häusern, kleinen Gassen, vielen Geschäften und einer großen Fußgängerzone. Tausende Touristen schlängeln sich durch die Straßen, und die allermeisten wollen sehen, wo der Dichter Johann Wolfgang von Goethe gelebt hat.

Als der nach Weimar kam, im Jahr 1775, da war die Stadt noch ein ziemlich verschlafenes Nest. Und ein ziemlich übelriechendes obendrein! Es stank in Weimar ganz gewaltig, denn es gab noch keine unterirdische Kanalisation, sondern nur offene Kanäle und Bäche. Es gab auch noch keine Toiletten, wie wir sie heute kennen. Die Leute kippten ihren Nachttopf einfach aus dem Fenster. Und durch die matschigen, unbefestigten Straßen spazierten lustig Schweine und Hühner.

Etwa 6.000 Menschen lebten in der Stadt, es gab wenig Handel und so gut wie keine Industrie. Die meisten Leute waren Bauern oder Handwerker. Überhaupt lag Weimar damals noch ziemlich weit ab vom Schuss: Nur wenige Straßen führten in das kleine Herzogtum – und die waren allesamt schlecht ausgebaut. Noch 1803 schrieb eine Weimar-Besucherin: „Weimar war keine kleine Stadt; es war ein großes Schloss." Ein anderer schrieb: „Du kannst dir keine Vorstellungen von Weimar machen, das wie ein Nest aussieht und die

Hauptstadt spielen will." Hässlich sei es hier und die Wohnungen gar schrecklich.

Dabei hatte Johann Wolfgang von Goethe viele Dinge in Bewegung gebracht. Aber noch wichtiger: Goethe zog viele andere Gelehrte, Dichter und Künstler an. Darunter den Theologen Johann Gottfried Herder und den Dichter Friedrich Schiller. In Weimar spricht man deshalb vom „goldenen Zeitalter".

Oft benutzt man auch den Begriff „Weimarer Klassik". Damit ist die Zeit zwischen 1786 und 1805 gemeint. Das ist das Todesjahr von Friedrich Schiller. Andere meinen dagegen, die Weimarer Klassik ging viel länger – nämlich bis 1832. In jenem Jahr starb Goethe. Wie auch immer: Mit dem Begriff Klassik soll ausgedrückt werden, dass die Literatur zu einer besonderen Blüte kam. Sie war sozusagen „mustergültig". In Weimar mag es also vielleicht gestunken haben, aber in Sachen Literatur und Theater war das Herzogtum Spitzenreiter!

In diesem Kapitel wollen wir herausfinden, wie es in Weimar vor rund 200 Jahren zuging. Wir besuchen das Goethe-Haus und natürlich auch das Haus von Friedrich Schiller, wir schauen in der Anna Amalia Bibliothek vorbei und in Herders Garten.

Guten Tag, die Herrn!

Das Goethe-Schiller-Denkmal **7**

Es ist nicht einfach nur ein Denkmal. Es ist eines der berühmtesten Denkmäler Deutschlands! Und sozusagen das Wahrzeichen von Weimar. Was das sein soll? Na, die Statuen der beiden Dichter Johann Wolfgang von Goethe und Friedrich Schiller. Sie sind die wohl berühmtesten Dichter der deutschen Geschichte – und beide haben in Weimar gelebt.

Anfangs konnten sich die beiden aber überhaupt nicht ausstehen. Nach ihrem ersten Treffen schrieb Goethe: „Schiller war mir verhasst." Doch das änderte sich, und die beiden wurden beste Freunde! Sie arbeiteten zusammen, spornten sich gegenseitig an und schrieben sich massenweise Briefe. Etwa 1.000 Stück waren es! Das Denkmal vor dem Deutschen Nationaltheater zeigt also nicht nur zwei Dichter, sondern zwei beste Freunde.

Enthüllt wurde es am 4. September 1857. Da waren Goethe und Schiller längst tot. Entworfen wurden ihre Statuen von dem Künstler Ernst Rietschel – und der musste ganz schön tricksen. Denn die beiden Dichter sollten gleichrangig dargestellt werden, deshalb sollten sie auch gleich groß sein. Dabei war Schiller im echten Leben 20 Zentimeter größer als Goethe! Dieser wurde für das Denkmal also größer gemacht – aber auch jünger und schlanker.

Wusstest du, dass ...

... die Statuen aus Erz gegossen sind? Das stammte aus erbeuteten Kanonenkugeln. Der ehemalige Bayerische König Ludwig I. hat das Erz für das Denkmal gestiftet. Er war nämlich ein großer Goethe-Fan!

Die beiden Dichter blicken in unterschiedliche Richtungen. Schiller schaut sogar etwas nach oben – so, als hätte er in der Ferne etwas entdeckt. Auf diese Weise wirkt er kühn und vorwärtsstrebend. In seinen Werken geht es oft um das Thema Freiheit. Goethe macht dagegen einen erhabenen, respektvollen Eindruck. Kein Wunder, er arbeitete viele Jahre für den Herzog.

Diesen Unterschied wollte Rietschel auch in der Kleidung darstellen. Deshalb trägt Goethe einen sogenannten Hofrock, der sehr edel und ordentlich aussieht. Schiller hat dagegen einen langen Mantel an und einen offenen Hemdkragen. Damit sieht er ein bisschen aus wie ein Abenteurer.

Find's heraus!

Fällt dir an der Weste von Friedrich Schiller etwas auf?

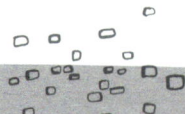

Vorhang auf!

Direkt hinter dem Goethe-Schiller-Denkmal steht ein großes Gebäude. Es ist das Deutsche Nationaltheater. Es gibt dort nicht nur Theater, sondern auch Konzerte, Opern und Musicals. Gegründet wurde das Theater 1791 vom damaligen Herzog Carl August. Da trug es aber noch einen anderen Namen: Hoftheater. Und auch das Gebäude selbst sah früher ganz anders aus.

Der erste Chef des Theaters war Johann Wolfgang von Goethe. Auf dem Programm standen Stücke, die man zu jener Zeit auch an vielen anderen Theatern spielte. Dennoch war hier etwas besonders: Die Autoren durften mitbestimmen, wie ihre Stücke aufgeführt werden sollten.

26 Jahre lang war Goethe der Chef des Theaters. Keine leichte Aufgabe. Denn immer wieder kam es zu Streit. Die Schauspieler sollen sich sogar untereinander geprügelt haben! Irgendwann platzte Goethe der Kragen – und Schuld daran war ein Pudel. Hunde waren im Theater nämlich verboten. Das hatte Goethe selbst so bestimmt. Doch der Herzog befahl, ein Stück aufzuführen, in dem ein Hund die Hauptrolle spielt. Jetzt reichte es Goethe endgültig: Er kündigte!

Goethe und der Pudel

Die Sache mit dem Hund ist lustig, weil in Goethes berühmtestem Werk ausgerechnet ein Pudel vorkommt. Das Stück heißt „Faust" und dort verwandelt sich der Teufel in einen Pudel.

Ach so!

1945, im Zweiten Weltkrieg, wurde das Haus von einer Bombe zerstört. Nach dem Krieg baute man es schnell wieder auf – als eines der ersten Theater überhaupt! Eröffnet wurde das neue Haus mit einem Stück von ... na klar, Goethe. Ausgerechnet mit „Faust".

Find's heraus!

Deutsches Nationaltheater – so wird das Haus seit 1918 genannt. Was in diesem Jahr passierte und warum das Theater dabei eine wichtige Rolle spielte, erfährst du auf Seite 57.

Wer war eigentlich ...?

Herzogin Anna Amalia

Anna Amalia wurde in Wolfenbüttel geboren. Das liegt im heutigen Bundesland Niedersachsen. Ihre Eltern legten großen Wert auf Bildung, und so lernte Anna Amalia gleich mehrere Sprachen. Außerdem interessierte sie sich für Musik, Literatur und Theater.

Mit gerade einmal 16 Jahren wurde sie mit Herzog Ernst August II. Constantin verheiratet und kam so nach Weimar. Das war im Jahr 1756. Der Herzog war ebenfalls noch sehr jung und leider oft krank. Er starb schon zwei Jahre nach der Hochzeit.

Eigentlich sollte der älteste Sohn die Nachfolge des Vaters antreten. Doch der war damals noch ein kleines Kind! Anna erreichte, dass sie an seiner Stelle regieren durfte – so lange, bis ihr Sohn volljährig war. Das war aber eine knifflige Sache, denn sie brauchte dazu das Einverständnis des Kaisers. In Europa herrschte damals aber der Siebenjährige Krieg: Auf der einen Seite kämpften die Preußen, auf der anderen Seite die Habsburger.

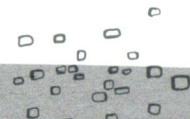

Annas Familie stand dem preußischen König nahe. Das war ihr Onkel! Der Kaiser war jedoch ein Habsburger. Anna musste sich also gegen ihre Familie wenden, denn der Kaiser erwartete ihre Gefolgschaft.

Während ihrer Regierungszeit versuchte sie, das heruntergekommene Herzogtum auf Vordermann zu bringen. Doch das klappte nicht so recht. Stattdessen wuchsen die Schulden weiter an und die Untertanen wurden unzufrieden.

Ein paar Sachen klappten aber: Zum Beispiel ließ sie die Stadtmauer einreißen. Auf diese Weise konnte die Stadt endlich wachsen. Außerdem unterstützte sie die Kultur und holte berühmte Gelehrte an ihren Hof. Damit begründete sie jenen Ruf, den Weimar später im ganzen Reich haben sollte: Aus einer unbedeutenden Residenzstadt sollte das wichtigste Zentrum für Literatur und Theater werden. Nach 16 Jahren musste sie abtreten, ihr Sohn war volljährig geworden – und nun war Herzog Carl August an der Reihe.

Das Haus der Witwe

Das Wittumspalais

Das Wittumspalais war viele Jahre lang der Wohnsitz von Herzogin Anna Amalia. Nach ihr ist das Haus auch benannt. Wittumspalais heißt übersetzt so viel wie Witwengebäude – und eine Witwe war Anna Amalia. Ihren Mann hatte sie schon früh verloren. Doch warum lebte sie ausgerechnet hier und nicht im Schloss? Tja, das war im Mai 1774 komplett abgebrannt und wurde erst Jahre später wieder aufgebaut. Anna Amalia saß nach dem Brand sozusagen auf der Straße!

... die Herzogin nicht einfach durch die Straßen spazierte? Wenn Anna Amalia das Haus verließ, stieg sie in eine Sänfte, einen Trage-stuhl. Dieser wurde von zwei Männern getragen. So eine Sänfte kann man im Wittums-Palais sehen.

Das Palais gehörte eigentlich einem ihrer Minister. Doch der ließ die Herzogin dort natürlich wohnen. Ein Jahr später verkaufte es der Minister ihr sogar ganz. Heute kann man noch sehen, wie Anna Amalia so gelebt hat. Im Festsaal fanden beispielsweise oft Bälle, Theaterauffüh-rungen und Konzerte statt. Regelmäßig trat die Herzogin selbst auf und spielte am Klavier.

Im Speisesaal fanden die sogenannten Tafelrunden statt. Das war so eine Art klei-ne Party mit besonderen Gästen. Es wurde gelacht, Karten gespielt, gequatscht und gegessen. Bis zu ihrem Tod 1807 lebte Anna Amalia in diesem Haus.

Ach so!

Heute verläuft vor dem Palais die Fußgängerzone. Früher war dort die „Esplanade". Das war ein Spazierweg mit Bäumen und einem Goldfischteich. Aber nicht jeder durfte hier entlanglau-fen! Nur die Herzogsfamilie und wichtige Leute.

Info

Adresse: Am Palais 3

Öffnungszeiten: Ende März bis Ende Oktober von 10 bis 18 Uhr, im Winter von 10 bis 16 Uhr, jeweils Dienstag bis Sonntag,

Kinderführung: „Ein fürstlicher Auftritt" – Führung mit Kostümwerkstatt, bitte eine Kamera oder ein Smartphone mitbringen, jeden 3. Sonntag im Monat um 14 Uhr

Eintritt: Erwachsene 6,50 €, Kinder und Jugendliche unter 16 Jahren frei

Internet: www.klassik-stiftung.de

Wer war eigentlich ...?

Geboren wurde Friedrich Schiller in Marbach am Neckar. Die Stadt liegt heute im Bundesland Baden-Württemberg. Der Vater arbeitete beim Militär, er war dort Offizier und Arzt. Friedrich sollte in seine Fußstapfen treten. Mit 14 Jahren wurde er deshalb auf die „Hohe Karlsschule" geschickt. Das war eine Schule des Herzogs von Württemberg. Dort sollten junge Männer für den Staatsdienst ausgebildet werden.

Das Leben an der Schule war streng: Die Schüler trugen immer eine Uniform. Im Sommer mussten sie um fünf Uhr aufstehen, Freizeit gab es kaum und Ferien schon gar nicht! Unter dieser Strenge litt Friedrich Schiller sehr. Denn er wollte etwas ganz anderes machen: Theaterstücke schreiben. Doch so was wurde an der Schule nicht gern gesehen. Deshalb bekam Schiller immer wieder Ärger. Doch er schrieb heimlich weiter.

Sein erstes Stück hieß „Die Räuber". Doch in Württemberg wollte es niemand veröffentlichen, weil Schiller darin ganz offen den Herzog und den Hofstaat kritisierte. In der Stadt Mannheim wurde das Stück schließlich aufgeführt, denn sie gehörte nicht zum Herzogtum. Heimlich reiste Schiller zur Premiere. Aber er flog auf. Der Herzog stellte ihn unter Arrest und erteilte ihm ein Schreibverbot. Das wollte sich der Dichter nicht gefallen lassen. Es blieb nur eins: die Flucht! Zusammen mit einem Freund riss Schiller aus.

In den nächsten Jahren musste er sich irgendwie durchschlagen. Sein Stück war zwar ein voller Erfolg, doch Schiller hatte einen Haufen Schulden – und er war auch noch schwer erkrankt. Doch er schrieb unermüdlich weiter und hatte Freunde, die ihn unterstützten.

1787 reiste er zum ersten Mal nach Weimar, und ein Jahr später lernte er Johann Wolfgang von Goethe kennen. Die beiden wurden enge Freunde. 1799 zog er schließlich mit seiner Familie ganz nach Weimar. Schiller gehört zu den berühmtesten Dichtern überhaupt. Seine Stücke werden heute noch in vielen Ländern gespielt.

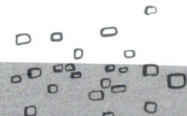

Ach so!

Sein wohl berühmtestes Gedicht beginnt mit den Worten: „Freude schöner Götterfunken". Heute wird der Text allerdings meistens gesungen, denn der Komponist Ludwig van Beethoven hat eine berühmte Melodie dazu geschrieben. Es ist heute die Hymne der Europäischen Union.

Find's heraus!

Bei Familie Schiller gab es oft etwas Leckeres zu naschen: „Krause Jägerschnitten". Findest du heraus, was man für das Gebäck alles braucht? (Tipp: Das Rezept hängt im Wirtschaftsraum von Schillers Wohnhaus.)

Willkommen bei den Schillers!

Das Wohnhaus von Friedrich Schiller **10**

Mitten in der Fußgängerzone, fast ein bisschen unscheinbar, steht ein gelbes Haus mit grau-grünen Fensterläden. Das war das Wohnhaus von Friedrich Schiller. Der Dichter kaufte es im Jahr 1802, für eine Menge Geld. Um die Schulden für das Haus schnell abzahlen zu können, arbeitete Schiller wie besessen. Jedes Jahr brachte er ein neues Stück heraus.

Tipp: Die Bastel-Werkstatt hat freitags von 13 bis 16 Uhr geöffnet, samstags und sonntags von 11 bis 16 Uhr. Angeboten werden verschiedene Workshops für Kinder, unter anderem eine Silhouetten-Werkstatt.

Das Haus bewohnte der Dichter zusammen mit seiner Frau Charlotte, die er nur Lolo nannte, und seinen vier Kindern. Die hießen Karl, Ernst, Caroline und Emilie. Schiller liebte seine Kinder! Er alberte mit ihnen herum und spielte beispielsweise „Löwe und Hund". Dann kroch der berühmte Dichter auf allen Vieren knurrend durch den Raum.

... Schiller nicht nur für seine Werke berühmt war, sondern auch für seine Haare? Er hatte rotblonde Locken. Immer wieder schnitt sich der Dichter eine Locke ab und verschenkte sie. Wer eine bekam, hütete diese wie einen Schatz.

Im ersten Stock wohnten Lolo und die Kinder. Spannend ist vor allem das schmale Zimmer, in dem die Töchter schliefen. Kinderzimmer, wie wir sie heute kennen, gab es damals noch nicht. Aber es gab Spielsachen! Einige kannst du in diesem Raum entdecken. Sie haben wirklich einmal Schillers Kindern gehört. Rund 200 Jahre lagen sie versteckt hinter einer Wand. Erst bei Bauarbeiten kamen sie zufällig zum Vorschein. Siehst du das große, bunt bemalte Blatt? Das ist ein Spiel, das Schillers Sohn Ernst erfunden hat. Hast du eine Idee, wie es funktionieren könnte?

Im obersten Stock kann man einen Blick in Schillers Arbeitszimmer werfen. Dort steht zum Beispiel noch der Schreibtisch, an dem er seine berühmten Werke verfasste. Das Zimmer ist fast noch genauso eingerichtet, wie zu seinen Lebzeiten. Wenn du durch das Arbeitszimmer hindurchgehst, landest du in Schillers Schlafzimmer – oder besser gesagt, in seiner Schlafkammer. Weil der Dichter oft krank war, ließ Lolo das Bett hinüber ins Arbeitszimmer stellen. Der Dichter arbeitete oft bis spät in die Nacht, dementsprechend stand er am nächsten Tag auch erst spät auf. Anders als sein Freund Goethe. Der war ein richtiger Frühaufsteher.

Find's heraus!

Wenn du auch das Wohnhaus von Goethe besuchst, kannst du die beiden Häuser vergleichen. Welches gefällt dir besser?

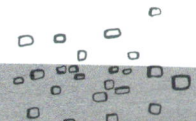

Schiller war sehr oft krank. Er hatte Probleme mit der Lunge und oft starke Kopfschmerzen! Dann soll er sich ein rotes Band um den Kopf gewickelt haben. Ganz fest, wie eine Art Turban. Manche behaupten auch, er hätte in der Schublade seines Schreibtischs faulige Äpfel gelagert, um besser atmen zu können.

Info

Adresse: Schillerstraße 12

Öffnungszeiten: täglich außer montags, vom 25. März bis 27. Oktober jeweils von 9.30 bis 18 Uhr, im Winter jeweils von 9.30 bis 16 Uhr

Audioguide: speziell für Kinder

Interaktive Kinderführung: immer samstags um 10 Uhr

Eintritt: Erwachsene 8 €, Kinder und Jugendliche unter 16 Jahren frei

Internet: www.klassik-stiftung.de

Wer war eigentlich ...?

Johann Wolfgang von Goethe

Fast alle Leute, die nach Weimar kommen, reden über ihn: Goethe! Doch was hat er eigentlich gemacht? Und warum ist er heute noch so berühmt? Goethe war eine Art Tausendsassa. Er schrieb Gedichte und Theaterstücke, er war Naturforscher und arbeitete für den Herzog.

Geboren wurde Johann Wolfgang Goethe 1749 in Frankfurt am Main. Das liegt heute im Bundesland Hessen. Sein Vater hatte ein wichtiges Amt in der Stadt. Er war der Schultheiß, so nannte man früher die Bürgermeister und Ortsvorsteher. Die Familie lebte in einem großen, schönen Haus und hatte sehr viel Geld. Deshalb ging Goethe auch nicht auf eine normale Schule, sondern wurde zu Hause unterrichtet – unter anderem von seinem Vater und verschiedenen Hauslehrern.

Mit 16 Jahren sollte er an die Universität. Goethe selbst hätte gerne Geschichte studiert, aber das erlaubte sein Vater nicht. Er fand, der Sohn sollte Jura studieren – sich also mit dem Recht und den Gesetzen befassen. Goethe studierte also, aber besonders viel Spaß machte es ihm nicht. Er fing an, auch in andere Vorlesungen zu gehen, zum Beispiel über Chemie und Literatur. Und er begann, erste Gedichte zu schreiben.

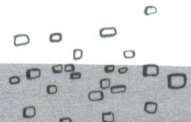

Zunächst arbeitete Goethe als Anwalt. Doch 1772 lernte er ein Mädchen namens Charlotte kennen und verliebte sich schrecklich in sie. Das Blöde war nur: Charlotte war bereits vergeben! Vor lauter Liebeskummer schrieb er einen Roman: „Die Leiden des jungen Werther". Und plötzlich war Goethe ein berühmter Schriftsteller. Er hängte seinen Anwaltsjob an den Nagel und ging nach Weimar. Dorthin hatte ihn der junge Herzog Carl August eingeladen. Die beiden wurden enge Freunde.

In Weimar kümmerte sich Goethe gleichzeitig um viele Dinge: Er war Minister und Hofrat, Chef des Theaters und Leiter der Bibliothek. Er kümmerte sich um den Bergbau und den Ausbau der Straßen und Wege, er war Berater für die Universität und zeitweise Finanzminister. Nach dem Herzog war er der zweitmächtigste Mann in Weimar.

Find's heraus!

Frag doch einmal Leute auf der Straße, was sie über Goethe wissen. Zum Beispiel, welche Theaterstücke er geschrieben hat?

Willkommen bei den Goethes!

Das Wohnhaus von Johann Wolfgang von Goethe

Wenn du nicht weißt, wo Goethes Wohnhaus steht, dann musst du einfach nach den Kutschern Ausschau halten! Die stehen mit ihren Pferden meistens direkt davor und warten auf Kundschaft.

Goethes Wohnhaus ist sehr groß und herrschaftlich. Kein Wunder, hier hat ja nicht einfach nur ein Dichter gewohnt. Sondern ein Hofrat, der im Dienst des Herzogs stand. Das sieht man dem Haus auch an. Es gibt zum Beispiel ein großes Treppenhaus mit einem Deckengemälde. In den Zimmern stehen viele Büsten und Statuen, Gemälde, Steine und sonstiger Krimskrams. Stellenweise wirkt das Haus eher wie ein Museum. Aber dem Dichter gefiel das wohl so. Wie sieht es im Vergleich dazu bei dir zu Hause aus? Welche Dinge vermisst du in Goethes Wohnhaus?

Wusstest du, dass ...

... Goethe nicht nur Gedichte schrieb, sondern auch Naturforscher war? Zusammen mit seinem Sohn sammelte er zum Beispiel besondere Steine und Fossilien.

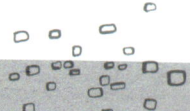

Lass uns mal einen Blick in Goethes Arbeitszimmer werfen. Das sieht noch genau so aus, wie der Dichter es verlassen hat. Ins Arbeitszimmer durfte nicht jeder. Da war der Dichter ganz schön streng! Aber für seine Enkel machte er eine Ausnahme. Für sie stellte er sogar einen eigenen kleinen Schreibtisch auf. Goethe arbeitete vor allem vormittags. Dann umrundete er immer wieder seinen Schreibtisch und diktierte dem Schreiber Texte und Briefe. Auf dem Tisch liegt ein Kissen. Darauf stützte er beim Lesen die Arme ab.

Goethe hatte hinter seinem Haus einen tollen Garten! Dort konnte man herrlich „schlampamsen". So nannte es Christiane, Goethes Ehefrau. Heute würden wir wohl „chillen" sagen. An heißen Sommertagen wurde im Garten ein Fass aufgestellt und mit Wasser gefüllt. Darin konnte dann Sohn August baden.

Ach so!

Sie war klein und ein bisschen pummelig, tanzte gern und hatte wilde schwarze Locken: Christiane Vulpius. Sie wurde in Weimar geboren, und ihre Familie hatte nicht besonders viel Geld. Trotzdem verliebte sich Goethe in sie! Die beiden lebten lange ohne Trauschein miteinander. Das sorgte für jede Menge Tratsch.

Find's heraus!

Hast du schon das Wohnhaus von Friedrich Schiller besichtigt? Welches der beiden Häuser gefällt dir besser und warum?

Info

Adresse: Frauenplan 1

Öffnungszeiten: täglich außer montags, vom 25. März bis 27. Oktober jeweils von 9.30 bis 18 Uhr, im Winter jeweils von 9.30 bis 16 Uhr

Audioguide: speziell für Kinder

Eintritt: Erwachsene 12,50 €, Kinder und Jugendliche unter 16 Jahren frei

Internet: www.klassik-stiftung.de

Rund um den Platz der Demokratie

Das Reiterstandbild von Herzog Carl August

Der große Platz vor der Herzogin Anna Amalia Bibliothek wird „Platz der Demokratie" genannt. Dort steht mittendrin eine riesige Statue, ein sogenanntes Reiterstandbild. Sie zeigt Herzog Carl August, wie er auf seinem Pferd reitet. Er trägt die Uniform eines Generals, auf dem Kopf einen Kranz aus Lorbeer- und Eichenblättern. Sein Blick geht hinüber zum Schloss.

Das Standbild wurde 1875 enthüllt, das war ein besonderes Datum. Denn genau 100 Jahre zuvor hatte er die Herrschaft über das Herzogtum übernommen.

Find's heraus!

Stell dir mal vor, du wärst der Herzog von Weimar. Oder die Herzogin. In welcher Pose würdest du dich gerne abbilden lassen?

Tipp:
Im Festsaal finden oft tolle Konzerte statt, zum Beispiel spielen dort die Studierenden der Hochschule. Der Eintritt ist meistens frei! Schau einfach mal unter www.hfm-weimar.de

Das Fürstenhaus

Hinter dem Reiterstandbild siehst du ein großes Haus mit gelber Fassade und Säulen. Das ist das sogenannte Fürstenhaus. Nachdem das Schloss 1774 abgebrannt war, standen der Herzog und seine Familie quasi auf der Straße! Deshalb zogen sie vorübergehend in dieses Gebäude. Daher auch der Name Fürstenhaus. Heute gehört das Gebäude zur Hochschule für Musik Franz Liszt Weimar.

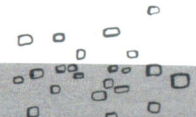

Wer war eigentlich ...?

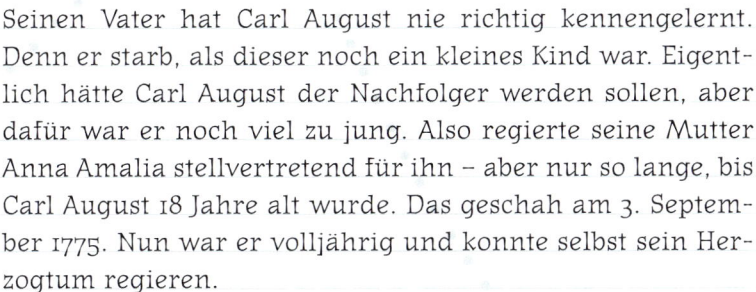

Herzog Carl August

Seinen Vater hat Carl August nie richtig kennengelernt. Denn er starb, als dieser noch ein kleines Kind war. Eigentlich hätte Carl August der Nachfolger werden sollen, aber dafür war er noch viel zu jung. Also regierte seine Mutter Anna Amalia stellvertretend für ihn – aber nur so lange, bis Carl August 18 Jahre alt wurde. Das geschah am 3. September 1775. Nun war er volljährig und konnte selbst sein Herzogtum regieren.

In seiner Kindheit musste Carl August viel lernen: Bereits mit vier Jahren übte er lesen und schreiben, er paukte Latein und Geschichte, Mathe und Physik. Aber auch Tanzen und Fechten standen auf seinem Stundenplan. Seine Mutter wollte, dass er die beste Ausbildung bekommt. Das hatte sie dem Vater versprochen. Deshalb ging Carl August auch nicht auf eine normale Schule, sondern bekam Einzelunterricht. Dazu holte seine Mutter die besten Erzieher und schlausten Lehrer an den Hof. Die hatten es mit ihrem Schüler allerdings oft nicht leicht. Viel lieber hätte der Junge nämlich draußen mit seinen Hunden gespielt! Aber das ging natürlich nicht.

Denn auch ein angehender Herzog musste sich an Regeln halten. Und davon gab es am Weimarer Hof eine Menge! Im Grunde hatte Carl August nie Zeit für sich. Er konnte sich nicht mit Kumpels mal eben zum Spielen treffen oder einfach mal faulenzen. Erst als Carl August volljährig war, konnte er machen, was er wollte. Nun ließ er es so richtig krachen. Mit seinem Freund Goethe zog er oft durch die Gegend, feierte wilde Partys und trieb allerlei Späße!

Aber Carl August hat nicht nur gefeiert. Er hat auch viele Dinge auf den Weg gebracht: Er setzte sich zum Beispiel für die Pressefreiheit ein. Er förderte die Universität in der benachbarten Stadt Jena, er unterstützte das Theater und die Bibliothek und er ließ den Park an der Ilm errichten. Das Wichtigste war aber wohl: Er holte Goethe nach Weimar! Damit machte er die Stadt im ganzen Reich bekannt.

Ach so!

Der Herzog sah oft gar nicht besonders herrschaftlich aus. Meist lief er in einer abgetragenen, grünen Uniformjacke herum, auf dem Kopf eine große Schiebermütze.

Ein Ort für Leseratten

Die Herzogin Anna Amalia Bibliothek 13

Wer Bücher mag, ist an diesem Ort genau richtig. Rund 45.000 Bücher stehen in der Anna Amalia Bibliothek. Noch viel mehr Bücher lagern aber in einem unterirdischen Versteck! Hast du eine Idee, wo das sein könnte? Unter dem Platz vor der Bibliothek! Dort gibt es ein riesiges Lager.

Früher standen die Bücher im Weimarer Stadtschloss. Irgendwann platzten die Regale jedoch aus allen Nähten. Herzogin Anna Amalia befahl, dass die Bibliothek umziehen müsse – und zwar hierher ins „Grüne Schloss".

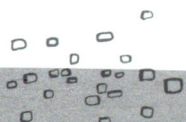

Das wurde dafür extra umgebaut. Damals entstand auch der berühmte Rokokosaal, den man heute noch besichtigen kann.

1797 wurde Johann Wolfgang von Goethe zum Chef der Bücherei ernannt. Er führte Regeln für die Benutzung ein: Bücher konnte man nur mittwochs und samstags ausleihen, zwischen 9 und 13 Uhr. Da war in Weimar nämlich Markttag. Ausleihen durfte man die Bücher maximal drei Monate, und wenn sie dreckig wurden, musste man sie ersetzen. Das Besondere an der Bibliothek war, dass sie zwar dem Herrscherhaus gehörte, aber für jeden offen stand! Selbst für Kinder. Die mussten sich ihren Leihschein von den Eltern unterzeichnen lassen. Heute kann man hier keine Bücher mehr ausleihen. Aber viele Forscher kommen, um mit den alten Büchern zu arbeiten.

Im September 2004 kam es zu einem fürchterlichen Brand. Dabei wäre die Bibliothek fast abgefackelt! Mehrere Hundert Feuerwehrleute waren im Einsatz, und auch viele Weimarer kamen und wollten helfen. 30.000 Bücher gingen in Flammen auf, mehrere Tausend wurden schwer beschädigt. In einer aufwendigen Rettungsaktion konnte viele Werke restauriert werden. Wie das funktioniert hat, kann man in einer kostenlosen Ausstellung im Erdgeschoss der Bibliothek sehen.

Wusstest du, dass ...

... Goethe ganz schön streng war? Wer Bücher nicht rechtzeitig zurückbrachte, bekam eine Mahnung. Selbst der Herzog – und dem gehörte die Bibliothek immerhin!

Alles grün?

Früher nannte man dieses Gebäude das „Grüne Schloss". Dabei sind die Hauswände gar nicht grün! Der Name hat wohl mit dem Fußboden in der Eingangshalle zu tun. Siehst du die Farbe der Fliesen?

Den Namen „Herzogin Anna Amalia Bibliothek" trägt das Haus seit 1991. Damals feierte die Bibliothek ihren 300. Geburtstag. Weil Anna Amalia die wichtigste Förderin war, wurde sie zu ihren Ehren umbenannt.

Find's heraus!

Schau dir einmal die Bücher im Rokokosaal an! Sie haben alle einen kleinen Aufkleber mit verschiedenen Buchstaben und Zahlen darauf. Hast du eine Idee, wofür das gut ist?

Info

Öffnungszeiten: Dienstag bis Sonntag von 9.30 bis 14.30 Uhr (letzter Einlass)

Eintritt: Erwachsene 8 €, Kinder und Jugendliche unter 16 Jahren frei

Hinweis: Die Zahl der Eintrittskarten ist beschränkt. Man kann Karten online vorbestellen. Wer darauf keine Lust hat, kann morgens ab 9 Uhr einfach mal an der Kasse fragen.

Audioguide: speziell für Kinder

Internet: www.klassik-stiftung.de

Der Bibliotheksturm

Rechts neben der Bibliothek steht ein wuchtiger Turm, der sogenannte Bibliotheksturm. Früher war er einmal Teil der Stadtbefestigung, heute ist er mit Büchern gefüllt. Im Inneren gibt es eine zwölf Meter hohe Wendeltreppe. Sie wurde aus einem einzigen Baumstamm gefertigt! Leider kann man sie nicht besichtigen. Aber es gibt eine tolle Geschichte dazu:

Der Zimmermann Arnold verliebte sich in das Mädchen Margarethe. Auf das hatte aber auch ein Adeliger ein Auge geworfen. Daher kam es zum Kampf zwischen den Männern. Der Adelige, ein ziemlicher Tunichtgut, verlor dabei sein Leben, und der Zimmermann musste fliehen. Er wurde jedoch gefasst, ins Gefängnis gesteckt und zum Tode verurteilt.

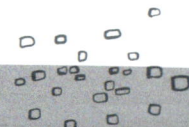

Margarethe flehte den Herzog um Gnade an. Und tatsächlich, dieser änderte das Urteil: Der Zimmermann sollte eine mächtige Eiche fällen und daraus eine Treppe für das Schloss machen. Genau ein Jahr habe er dafür Zeit. Arnold schaffte es und war frei! Im Jahr 1818 wurde die Treppe nach Weimar gebracht und im Turm eingebaut.

Ein Riese aus der Vergangenheit

Der Ginkgo-Baum

Gegenüber vom Bibliotheksturm, auf der anderen Straßenseite, steht ein großer Baum: ein Ginkgo, der älteste Weimars. Manche nennen ihn auch „Goethe-Ginkgo", denn der Baum wurde schon vor mehr als 200 Jahren gepflanzt. Also zu einer Zeit, als Johann Wolfgang von Goethe lebte. Dieser hat über das Ginkgo-Blatt sogar mal ein Freundschaftsgedicht geschrieben. Denn die Blätter sind fächerförmig und in der Mitte meist zweigeteilt. Deshalb gelten sie als Symbol für Freundschaft.

Ginkgo-Bäume sind uralt, es gab sie bereits vor mehr als 250 Millionen Jahren. Sie machten also noch Bekanntschaft mit den Dinosauriern! In der späteren Eiszeit starben die Bäume im heutigen Europa aus. Am anderen Ende der Welt, in Asien, überlebten sie aber. Deshalb werden die Pflanzen auch als lebendes Fossil bezeichnet.

Mitte des 18. Jahrhunderts wurde es schick, die Bäume auch bei uns hier anzupflanzen, vor allem in Parks und Gärten. Schau dich mal um, vielleicht entdeckst du in Weimar noch weitere Exemplare!?

Wusstest du, dass ...

... der Name Ginkgo so viel wie „silberne Aprikose" bedeutet? Die Samen sehen nämlich ein bisschen wie kleine, silberfarbene Aprikosen aus. Auch interessant: Es gibt männliche und weibliche Ginkgo-Bäume!

43

Ach so!

Er sieht aus wie ein Laubbaum, ist aber keiner. Ginkgos gibt es schon so lange, dass sie eine eigenständige Gattung bilden. Sie gehören weder zu den Laubbäumen noch zu den Nadelbäumen.

Find's heraus!

Gibt es einen Menschen, den du besonders magst? Sammele doch ein Ginkgo-Blatt und verschenke es.

Mach mal 'ne Pause!

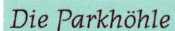 *Die Parkhöhle*

Ziemlich unscheinbar sieht der Eingang zur Parkhöhle aus, er ist hinter einer grauen Betonmauer versteckt. Über die Treppen geht es tief hinab. Die Parkhöhle ist keine richtige Höhle. Das bedeutet, sie ist nicht natürlich entstanden. Menschen haben sie gemacht, vor rund 200 Jahren. Da hatte der Herzog nämlich die Idee, dort unten eine Brauerei zu bauen. Warum ausgerechnet dort?

In einer Höhle ist es schön kalt – und vor rund 200 Jahren gab es noch keine Kühlschränke. Man hätte dort unten also super Getränke lagern können, zum Beispiel für Feste im Schloss. Aus der Idee ist aber nichts geworden. Deshalb nutzte man die Höhle, um dort Sand und Kies abzubauen. Im Laufe der Zeit wurde sie dadurch immer größer und weitläufiger, mit verzweigten Gängen und Tunneln.

Info

Eingang: neben der Mensa der Bauhaus-Universität Weimar (Marienstraße 15 b)

Öffnungszeiten: täglich außer dienstags, vom 25. März bis 27. Oktober jeweils von 10 bis 18 Uhr, im Winter von 10 bis 16 Uhr

Eintritt: Erwachsene 4,50 €, Kinder und Jugendliche unter 16 Jahren frei

Internet: www.klassik-stiftung.de

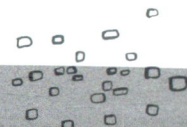

Im Sommer kann man hier super chillen. Man kann sich ins Gras legen oder ein kleines Picknick veranstalten. An manchen Uferstellen kann man sogar ein bisschen die Füße in das kalte Wasser der Ilm strecken. Goethes Sohn, August, ließ hier als Kind kleine Schiffe fahren.

Im Park gibt es viel zu entdecken. Zum Beispiel das Borkenhäuschen, den Schlangenstein, das Römische Haus oder die Schillerbank. Gestaltet haben den Park Johann Wolfgang von Goethe und Herzog Carl August. Ihnen war wichtig, dass der Park sogenannte Sichtachsen hat. Das bedeutet, man sollte von bestimmten Orten aus einen Blick auf bestimmte Dinge haben. Zum Beispiel sieht man von Goethes Gartenhaus direkt hinüber zum Wohnhaus von Charlotte von Stein. Die beiden waren eng miteinander befreundet. Manche sagen, sie waren sogar einmal ein heimliches Liebespaar.

Geh einfach mal selbst auf Entdeckungstour durch den Park!

Die Ilm-Nixe

Glaubt man einer alten Geschichte, dann lebt im Flüsschen Ilm eine Nixe. Ihr Name: Erlinde. Sie soll strahlend grünes Haar haben und wunderschön singen können. Mit ihrem Gesang soll sie Wanderer und Kinder anlocken und in den Fluss ziehen. Das ist weniger nett!

Goethes Gartenhaus

Mitten im Park steht Goethes Gartenhaus. Er nannte es das „Gärtgen vorm Thore". Als Goethe frisch nach Weimar kam, lebte er sogar längere Zeit in diesem Haus. Hier entstand auch eines seiner berühmtesten Gedichte, der „Erlkönig". Später kam er oft mit seiner Familie hierher. Zu Goethes Zeiten hatte das Haus vorne noch einen Balkon. Manchmal hat der Dichter auf diesem Balkon übernachtet – „unter blauem Mantel", wie er es nannte. Damit meinte er den Nachthimmel. Rund um das Haus gibt es einen tollen Garten, mit Obstbäumen und Gemüsebeeten und Spazierwegen.

Ach so!

In der Küche des Gartenhauses wurde oft für viele Gäste gekocht. Und sicher duftete es oft nach heißer Schokolade – das war nämlich das Lieblingsgetränk des Dichters!

Info

Öffnungszeiten: täglich außer montags, vom 25. März bis 27. Oktober jeweils von 10 bis 18 Uhr, im Winter von 10 bis 16 Uhr

Eintritt: Erwachsene 6,50 €, Kinder und Jugendliche unter 16 Jahren frei

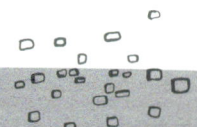

Wer war eigentlich ...?

Eigentlich heißt die Weimarer Stadtkirche offiziell „Stadtkirche St. Peter und Paul". Die Weimarer nennen sie aber einfach nur Herderkirche. Und der Platz davor heißt Herderplatz. Wenn man wissen will, wie dieser Herder aussah, muss man sich einfach die große Statue vor der Kirche ansehen. Das ist Johann Gottfried Herder!

Er hat lange Zeit in Weimar gelebt, er war hier Hof-Ober-Prediger und General-Super-Intendent. Ganz schön komplizierte Namen! In etwa bedeutet das: Er war der Chef der evangelischen Kirche im Herzogtum Weimar. Herder machte sich viele Gedanken über den Glauben und darüber, wie man diesen leben soll. Gleichzeitig war er aber auch Schriftsteller und verfasste viele schlaue Texte über Sprache, Literatur, Geschichte und Philosophie. Außerdem schieb er Gedichte. Herder war einer der wichtigsten Gelehrten seiner Zeit. Er wurde von der sogenannten Aufklärung beeinflusst.

Die Gelehrten der Aufklärung forderten: Der Mensch soll seinen Verstand benutzen! Klingt für uns heute irgendwie komisch. Doch für die Menschen damals war das etwas völlig Neues. Denn sie waren gewohnt, auf das zu hören, was ihnen die Kirche und die Herrscher vorgaben. Viele Dinge wurden deshalb einfach so hingenommen.

1770 begegneten sich Gottfried Herder und Johann Wolfgang von Goethe zufällig in Straßburg. Goethe war damals noch Student. Aber er war von Herder extrem beeindruckt. So sehr, dass er quasi sein Schüler wurde. Später sorgte Goethe auch dafür, dass Herder nach Weimar kam.

Beerdigt ist Johann Gottfried Herder in der Stadtkirche. Gegenüber vom Eingang, in der Mitte der Kirche, ist seine Grabplatte. Entdeckst du die goldene Schlange? Sie beißt sich in den eigenen Schwanz. Hast du eine Idee, was das bedeuten soll?

Ach, du lieber Himmel!

Herders Haus und Garten

Hinter der Kirche, auf der linken Seite, steht das ehemalige Wohnhaus von Gottfried Herder. Es ist gelb und rosa angestrichen. Siehst du die runden Steine rechts und links neben dem Eingangstor? Vielleicht kommen sie dir bekannt vor!? Ansonsten kannst du die Seite 13 aufschlagen. Dort erfährst du, was es mit den Steinen auf sich hat.

Herders altes Wohnhaus kann man nicht besichtigen. Noch heute ist dort die Kirchenverwaltung untergebracht. Aber man kann durch das Tor gehen! Hinter dem Haus gibt es nämlich einen tollen Garten. Herder hat ihn anlegen lassen, er ging dort gerne spazieren und dachte nach. Um den Garten kümmern musste sich aber seine Frau! Vor einigen Jahren begann man damit, den Garten wieder so anzulegen, wie er zu Herders Zeiten aussah: mit Obstbäumen und Gemüsebeeten, Rosen, bunten Blumen und Kräutern. Im Sommer hoppeln auch ein paar Kaninchen herum. Sie gehören der Besitzerin vom Café Caroline. In dem Café kann man gemütlich einkehren und leckeren Kuchen essen. Bei schönem Wetter kann man zudem draußen im Garten sitzen.

Info
Adresse: Herderplatz 8
Der Garten ist nur unter der Woche geöffnet, von 8 bis 17 Uhr.

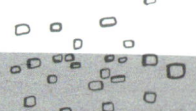

Freunde in der Not

Johannes-Falk-Museum / Lutherhof **18**

Du hast noch nie etwas von Johannes Falk gehört? Wetten doch?! An Weihnachten singt man oft ein Lied von ihm: „O du fröhliche". Entstanden ist es im Jahr 1815. Dabei war Falk gar kein Komponist! Er nahm einfach die Melodie eines anderen Liedes und schrieb dazu einen neuen Text. So was war damals total normal. Ursprünglich war das Lied übrigens gar kein richtiges Weihnachtslied, sondern ein sogenanntes Dreifeiertagslied.

Zusammen mit einigen anderen hatte Johannes Falk die „Gesellschaft der Freunde in der Not" gegründet. Denn vielen Menschen ging es damals sehr schlecht: Napoleon, der französische Herrscher, führte gegen fast ganz Europa Krieg, und auch Weimar wurde immer wieder von Soldaten besetzt. Viele Kinder wurden zu Waisen. Falk wollte helfen – und so nahm er etwa 30 Kinder bei sich zu Hause auf. Für andere besorgte er Pflegeeltern oder eine Lehrstelle.

Zusammen mit seiner Familie und den Kindern lebte er zunächst in einer großen Wohnung. Doch aus dieser mussten sie bald ausziehen. Der Eigentümer fühlte sich gestört! Außerdem gab es jemanden, der mehr Miete zahlen konnte. Eine neue Bleibe musste also her. Falk kaufte ein altes, verfallenes Haus, renovierte es und nannte es Lutherhof.

Wusstest du, dass …

… ein Asteroid nach Johannes Falk benannt ist?

Im Lutherhof lernten die Kinder nicht nur Lesen, Schreiben und Rechnen, auch Religionsunterricht war sehr wichtig. Das Besondere an Johannes Falk war aber wohl, wie er mit den Kindern umging: Es gab keine Schläge und niemand wurde zu etwas gezwungen. Stattdessen sollte jeder auf seine Art gefördert werden. Das war schon sehr modern!

Ach so!

Johannes Falk stammte aus einer armen Familie. Sein Vater war Perückenmacher. Um ihm in der Werkstatt zu helfen, musste Falk die Schule abbrechen. Da war erst zehn Jahre alt! Doch er hatte Glück, es gab Leute, die ihn unterstützten, und so konnte er nach einigen Jahren wieder zur Schule gehen.

Find's heraus!

Du willst wissen, wie Johannes Falk aussah? An der Ecke Graben/Teichgasse steht eine Büste von ihm. Findest du sie?

Info
Adresse: Im Lutherhof (Luthergasse 1a)
Öffnungszeiten: Besichtigung nur nach Anmeldung, Johannes Falk e. V., Tel. 03643/805773
Internet: www.johannesfalkverein.de

Die letzte Reise

Ein bisschen sieht es hier aus wie in einem Park. Wären da nicht die verfallenen Gräber, verwitterten Kreuze und die mit Moos bewachsenen Grabsteine. Auf dem heutigen Historischen Friedhof wurden viele bekannte Weimarer beerdigt. Zum Beispiel Johannes Falk. Sein Grab findest du, wenn du den Weg rechts entlang der Mauer hinaufgehst.

Die meisten Leute nehmen aber den großen Weg in der Mitte, denn dieser führt schnurstracks hinauf zur Fürstengruft. Dort sind viele Mitglieder der herzoglichen Familie beerdigt – und zwei berühmte Dichter! Nämlich Johann Wolfgang von Goethe und Friedrich Schiller.

Wenn du die Fürstengruft betrittst, stehst du in einem großen, quadratischen Raum. Hier wurden früher Begräbnisfeiern abgehalten. In der Mitte gibt es eine Kuppel. Sie ist dunkelblau angemalt und mit Sternen verziert. Das sieht bisschen so aus, als würde man in den Himmel schauen. Siehst du die Öffnung im Boden, mit dem Gitter drum herum? Durch dieses Loch wurden früher die Särge in die Gruft hinabgelassen. Lass uns mal die Treppe hinuntergehen. Aber pssst, leise sein!

Tipp:
Auf dem Friedhof kann man auch ein vom Bauhaus-Begründer Walter Gropius erbautes Denkmal besuchen, das Denkmal der Märzgefallenen. Es ist das einzige Bauwerk von ihm in Weimar!

Info
Öffnungszeiten: täglich, außer dienstags, vom 25. März bis 27. Oktober jeweils von 10 bis 18 Uhr, im Winter von 10 bis 16 Uhr

Eintritt: Erwachsene 4,50 €, Kinder und Jugendliche bis 16 Jahre frei

Internet: www.klassik-stiftung.de

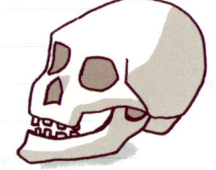

Wo ist Schiller?

Das Rätsel um Schillers Grab

In der Fürstengruft steht zwar ein schöner Sarg mit der Aufschrift „Schiller". Doch der Sarg ist leer! Wo die Gebeine des Dichters sind, weiß niemand so genau. Und das kam so:

Friedrich Schiller starb am 9. Mai 1805. Bestattet wurde er mitten in der Nacht. Das war damals so üblich. Denn Herzogin Anna Amalia hatte befohlen, berühmte Bürger nur nachts zu beerdigen. Auf diese Weise wollte man allzu großen Trubel vermeiden. Der Sarg kam ins Kassengewölbe, neben der Jakobskirche. Dort wurden üblicherweise ärmere Adelige bestattet. Im Laufe der Zeit regten sich jedoch viele Leute auf. Sie forderten: Schiller braucht ein angemessenes Grab!

Also stieg der Bürgermeister höchstpersönlich in die Gruft, 21 Jahre nach Schillers Tod, mitten in der Nacht! Er kramte mehrere Schädel hervor, und schnell war man sich einig: Der größte Schädel, das muss der von Schiller sein. Ist doch total logisch, oder!?

Zunächst wurde der Schädel in der Anna Amalia Bibliothek aufbewahrt, dann nahm Goethe ihn zweitweise mit nach Hause. Als die Fürstengruft fertig war, brachte man den Schädel hierher. Ende gut, alles gut? Von wegen!

1883 untersuchte ein Forscher den Gipsabdruck des Schädels und kam zu dem Schluss: Das ist nicht Schiller! Könnte der Mann Recht haben? Ein langer Streit entbrannte.

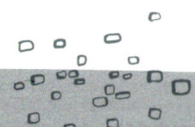

1911 suchte man noch mal das Kassengewölbe ab. Das war zu der Zeit aber schon zugeschüttet worden. Egal! Die Forscher fanden noch einen Schädel, und sie waren sich sicher: Das ist Schiller, ganz bestimmt! Nun gab es also zwei Schädel. Vor rund zehn Jahren brachte eine Untersuchung endlich Klarheit: Keiner von beiden ist es. Und auch die Knochen im Sarg gehören nicht zu Schiller. Deshalb ist der Sarg in der Fürstengruft heute leer.

Ein Hauch von Russland

Die russisch-orthodoxe Kirche

Hinter der Fürstengruft steht eine kleine, gelbbraun gestreifte Kirche. Sie hat fünf Türme, und die Dächer erinnern an kleine Zwiebeln. Die Kirche ist eine russisch-orthodoxe, deshalb sieht sie etwas anders aus als unsere sonstigen Kirchen hierzulande. In Russland gehören die meisten Menschen dieser Glaubensrichtung an. So wie auch Maria Pawlowna.

Die Weimarer Herzogin stammte ursprünglich aus Russland und war die Tochter des Zaren. 1804 heiratete sie den Erbprinzen Carl Friedrich von Sachsen-Weimar und kam so nach Weimar. Für sie wurde diese Kirche als Grablege gebaut. Marias Glaube sah vor, dass sie in russischer Erde bestattet werden muss. Gleichzeitig wollte sie aber unbedingt neben ihrem Ehemann liegen – und dessen Sarg steht in der Fürstengruft. Die Lösung: Man ließ aus Russland mehrere Wagenladungen Erde nach Weimar bringen und baute unterirdisch eine Verbindung zwischen Kirche und Gruft. So konnte beides erfüllt werden.

Die Kirche wird heute für Gottesdienste genutzt. Wenn sie geöffnet hat, solltest du einen Blick hineinwerfen.

Jetzt hat das Volk das Sagen

Im Herbst 1918 ging es in Deutschland drunter und drüber. Der Erste Weltkrieg war noch in vollem Gange und in fast ganz Europa wurde erbittert gekämpft und geschossen. Vier Jahre dauerte der Krieg bereits an. Viele wussten schon gar nicht mehr so genau, warum und wofür sie da eigentlich kämpften. Dennoch galt in den Kriegsländern die Devise: Durchhalten! Weitermachen! Das sei man den vielen Opfern schuldig! Auch in Deutschland dachte man lange so. Und das, obwohl es für die deutschen Truppen immer schlechter lief.

Dann begann etwas, was wir heute die November-Revolution nennen. Ihren Anfang nahm sie in Kiel. Die Stadt liegt heute im Bundesland Schleswig-Holstein. Dort weigerten sich die Matrosen auszulaufen. Sie hatten vom Krieg die Schnauze voll! Den Matrosen schlossen sich immer mehr Soldaten und Arbeiter an, gemeinsam gingen sie auf die Straße und forderten das Ende des Krieges – und das Ende der Monarchie!

Denn in Deutschland herrschten damals noch Könige und Herzöge. Und über allen herrschte der Kaiser! Damit war nun Schluss. Die Herrscher mussten ihren Thron räumen – darunter auch der Herzog in Weimar. Am wichtigsten war jedoch die Abdankung des Kaisers. Die anderen Kriegsländer wollten nämlich nur dann Frieden schließen, wenn der Kaiser weg ist.

Am 9. November 1918 wurde seine Abdankung verkündet – und gleichzeitig die Republik ausgerufen. Das bedeutet: Von nun an sollte das Volk das Sagen haben! Es sollte freie und geheime Wahlen geben, und das Volk sollte eine Regierung bestimmen. Dieser Übergang verlief nicht ohne Probleme und Streit. Es kam zu Straßenkämpfen und Schießereien, die Stimmung im Land war extrem angespannt. Denn nach wie vor gab es viele Leute, die lieber einen Kaiser gehabt hätten.

Am 11. November ging schließlich der Erste Weltkrieg zu Ende. In Deutschland begann nun die Zeit der sogenannten „Weimarer Republik". Sie existierte von 1918 bis 1933. Von Anfang an hatte die Republik mit großen Problemen zu kämpfen. Nach dem verlorenen Weltkrieg gab es große wirtschaftliche Probleme, Millionen Menschen waren arbeitslos und das Geld war immer weniger wert.

Auf den kommenden Seiten wollen wir herausfinden, warum die Weimarer Republik diesen Namen trägt. Dazu schauen wir am Nationaltheater vorbei. Außerdem besuchen wir die Bauhaus-Universität. Dort wollen wir Spuren vom Bauhaus entdecken, einer berühmten Schule für Architektur und Design. Sie wurde 1919 in Weimar gegründet.

Im Theater wird Politik gemacht!

Wenn du vorm Deutschen Nationaltheater stehst, musst du schon ganz genau hinsehen. Denn viele Spuren sind nicht geblieben von dem, was hier vor 100 Jahren passierte. Nur eine Metallplatte links neben dem Eingang erinnert daran. Kannst du lesen, was auf ihr steht?

„In diesem Haus gab sich das deutsche Volk durch seine Nationalversammlung die Weimarer Verfassung vom 20. August 1919." Damit ist gemeint: In Deutschland wurde zum ersten Mal eine Demokratie versucht! Es herrschte nun nicht mehr der Kaiser, sondern das Volk! Ein neuer Staat sollte entstehen, eine Republik.

Dafür mussten aber ein paar Dinge geregelt werden. Zum Beispiel brauchte man eine Verfassung. Also ein Papier, in dem drinsteht, nach welchen Grundsätzen die Menschen zusammenleben wollen und welche Rechte und Pflichten jeder hat. Die sogenannte Nationalversammlung arbeitete diese Verfassung aus – und zwar genau hier in Weimar im Theater.

In die Nationalversammlung waren mehrere Hundert Männer gewählt worden – und auch Frauen! Das war etwas völlig Neues. Denn erst kurz zuvor wurde in Deutschland das Frauenwahlrecht eingeführt. Frauen durften jetzt nicht nur wählen, sondern auch selbst für ein politisches Amt kandidieren.

Fast sechs Monate wurde im Theater getagt, diskutiert und gestritten. Am Ende war sie fertig: die Weimarer Verfassung. Teile von ihr finden wir heute noch in unserem heutigen Grundgesetz.

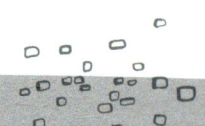

Ach so!

Eigentlich hätte die Nationalversammlung in der Hauptstadt
Berlin getagt. Doch dort war es zu unsicher, immer wieder kam
es zu Kämpfen und Ausschreitungen. Denn nicht jeder war mit
dem neuen Staat einverstanden! Deshalb gingen die Politiker
nach Weimar. Das war klein und übersichtlich – und außerdem
waren hier ja auch schon Goethe und Schiller!

Info

Gegenüber vom Nationaltheater entsteht derzeit das „Haus der
Weimarer Republik". 2020 soll das neue Museum fertig sein.
Wenn du bereits jetzt mehr über die Weimarer Republik erfah-
ren möchtest, kannst du ins Stadtmuseum im Bertuchhaus gehen.
Dort gibt es eine große Ausstellung.

Adresse: Karl-Liebknecht-Straße 5

Öffnungszeiten: Dienstag bis Sonntag von 10 bis 17 Uhr

Eintritt: Erwachsene 3,50 €, für Kinder und Schüler bis zum
Ende ihrer Schulpflicht frei

Internet: www.stadtmuseum-weimar.de

Willkommen bei den van de Veldes

Das Haus Hohe Pappeln

Seinen Namen trägt das Haus, weil hier früher drum herum hohe Pappeln standen. Dabei hätte es auch gut den Namen seines Erbauers tragen können. Denn das war ein berühmter Mann: Henry van de Velde. Er stammte aus dem Land Belgien. Dort wurde er vor mehr als 150 Jahren in der Stadt Antwerpen geboren. Van de Velde war ein bekannter Architekt und berühmter Designer. Er kam nach Weimar, um den Herzog in Kunstfragen zu beraten.

Das Haus Hohe Pappeln entwarf van de Velde selbst. Er lebte dort zusammen mit seiner Frau und seinen fünf Kindern. Sein Haus ist eine Art Kunstwerk. Van de Velde hat sich viele Gedanken darüber gemacht, wie die Räume angeordnet sein sollten: Jedes Zimmer hatte eine spezielle Aufgabe und eine entsprechende Lage im Gebäude. Den Mittelpunkt des Hauses bildete ein großer, geräumiger Flur.

Van de Velde hat sich aber nicht nur um die Architektur gekümmert, sondern auch um den Garten. Jede Hausseite hatte einen anderen Garten: zur Straße hin gab es einen Garten mit Obstbäumen, in Richtung Süden eine Rasenfläche mit einem Brunnen. Und in Richtung Westen lag der Garten mit dem Gemüse.

1917 musste van de Velde Weimar verlassen und das Haus verkaufen. Denn damals tobte der Erste Weltkrieg – und Deutschland und Belgien kämpften gegeneinander. Deshalb wurde van de Velde in Deutschland als Feind betrachtet.

Info

Adresse: Belvederer Allee 58

Öffnungszeiten: vom 25. März bis 27. Oktober, täglich außer montags, von 11 bis 17 Uhr

Eintritt: Erwachsene 3,50 €, Kinder und Jugendliche unter 16 Jahren frei

Internet: www.klassik-stiftung.de

Was ist eigentlich ...?

Manchmal kann man Leute sagen hören: „Das ist doch typischer Bauhaus-Stil." Das ist allerdings falsch. Denn das Bauhaus war keine Stilrichtung, sondern eine Schule! Mit einem Schulgebäude, Lehrern, Schülern und einem Unterrichtsplan. Die Männer und Frauen, die an dieser Schule zusammenkamen, hatten zwar sehr ähnliche Vorstellungen über Architektur und Design. Dennoch machte jeder sein eigenes Ding.

Wenn Leute heutzutage trotzdem vom Bauhaus-Stil sprechen, dann meinen sie vermutlich: Bei den Bauhaus-Leuten gab es keine Schnörkel und Verzierungen, sondern nur klare Linien und einfache Formen. Manche sagen auch „nüchtern" dazu, „reduziert" oder „zweckmäßig". Heute finden das viele super. Doch vor rund 100 Jahren waren die Bauhaus-Entwürfe für die meisten Menschen ein ziemlicher Schock! Denn so etwas hatten sie noch nie zuvor gesehen.

Gegründet wurde das Staatliche Bauhaus im April 1919 von einem Mann namens Walter Gropius. Zuvor hatte es in Weimar verschiedene Kunstschulen gegeben. Eine beschäftigte sich vor allem mit Malerei, eine andere vor allem mit Kunsthandwerk. Diese beiden Schulen schloss Gropius nun zusammen. Seine Idee: An der neuen Schule sollten Kunst und Handwerk eine Einheit bilden. Künstler waren also immer gleichzeitig auch Handwerker – und umgekehrt. Damit griff Walter Gropius eine Idee aus dem Mittelalter auf: Dort hatte es beim Bau der großen Kirchen die sogenannten Bauhütten gegeben. In diesen arbeiteten beispielsweise Steinmetze, Bildhauer, Maler und Zimmerleute eng zusammen – also Künstler neben Handwerkern.

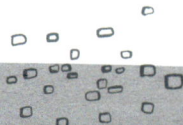

Im ersten Schuljahr mussten alle Schüler einen Vorkurs belegen. In dem sollte man alles einmal ausprobieren und in die verschiedenen Werkstätten hineinschnuppern. So sollten die Schüler herausfinden, was ihnen am meisten Spaß macht. Das war für die damalige Zeit etwas völlig Neues! An der Schule gab es zum Beispiel Werkstätten für Keramik und Weberei, für Glas- und Wandmalerei und für Holzarbeiten. Hier sollten die Schüler lernen und forschen, entwerfen und experimentieren.

Die Bauhaus-Universität

Um auf das Gelände der heutigen Bauhaus-Universität zu gelangen, nimmst du am besten den Eingang an der Ecke Marienstraße / Geschwister-Scholl-Straße. Dann stehst du auch schon mitten auf dem Campus. Das Hauptgebäude der Uni findest du auf der linken Seite.

Es wurde von einem bekannten Architekten und Designer entworfen. Sein Name war Henry van de Velde. Das Gebäude wurde 1911 fertiggestellt. Es stand hier also schon, bevor das Staatliche Bauhaus gegründet wurde. Das Besondere an dem Gebäude sind die riesigen Fenster auf der Vorderseite. Dadurch sieht es eher wie ein Kaufhaus aus und nicht wie eine Schule. Die Fenster sind absichtlich so groß, denn dadurch sollte den ganzen Tag viel Licht in die Werkstätten und Ateliers fallen.

Normalerweise wurde die Vorderseite von Gebäuden immer besonders schön gestaltet. Denn das war die sogenannte Schauseite – mit Säulen, Statuen und Schnörkeln. Das wollte Henry van de Velde hier anders machen!

Das Treppenhaus

Wenn du ins Hauptgebäude hineingehst, gelangst du in eine große Eingangshalle. Direkt vor dir müsste eine Statue stehen, die sogenannten Eva. Du gehst nun aber nicht die geschwungene Treppe hoch, sondern nach links ins Nebentreppenhaus. Dort gibt es ein tolles Wandbild. Gemalt hat es Herbert Bayer. Die Bauhaus-Künstler machten sich damals viele Gedanken über Farben und Formen. Sie gingen der Frage nach, welche Farbe zu welcher Form am besten passt.

Dafür wurde sogar extra ein Fragebogen erstellt und unter den Bauhaus-Schülern verteilt. Dabei kam heraus: Blau passe am besten zu einem Kreis, rot passe zum Quadrat und gelb passe am besten zum Dreieck. Geh einfach einmal die Treppen hinauf und schau dir das ganze Bild an. Es geht über mehrere Stockwerke.

Find's heraus!

Eine Farbe fehlt im Wandbild. Errätst du welche?

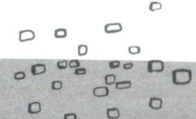

Wenn du im Hauptgebäude der Universität in den ersten Stock gehst, kannst du das ehemalige Direktorenzimmer des Bauhaus-Chefs anschauen. Entworfen hat diesen Raum Walter Gropius selbst, im Jahr 1923. Damals veranstaltete das Bauhaus eine große Ausstellung. Man wollte der Öffentlichkeit zeigen, was an dieser Schule entsteht und gemacht wird. Das Direktorenzimmer war Walter Gropius' Beitrag zu dieser Ausstellung.

Fällt dir an dem Raum etwas auf? Kleiner Tipp: Es geht um eine bestimmte Form. Sie taucht in dem Zimmer immer wieder auf. Hast du schon entdeckt, welche das ist?

Es geht um den Würfel. Das Zimmer ist nämlich genau fünf Meter lang, fünf Meter breit und fünf Meter hoch. Also eine Art riesiger Würfel! Gleichzeitig versteckt sich in dem Raum aber noch ein kleinerer Würfel. Er ist allerdings nur angedeutet. Entdeckst du ihn? Achte einmal auf den Teppich und das Lampengestänge an der Decke.

Der Sessel und das Sofa haben eine ziemlich coole Farbe: zitronengelb. Das war angeblich eine von Walter Gropius' Lieblingsfarben. Die Möbel wurden übrigens von anderen Bauhaus-Leuten entworfen. Allerdings sind das hier nur Nachbildungen. Denn als die Schule Weimar verlassen musste, nahm Gropius die Einrichtung mit.

Wusstest du, dass ...?

Das Bauhaus war bei Weimarern überhaupt nicht beliebt. Für sie war es eine Art irrer Chaos-Club mit wilden Partys und abgedrehten Ideen. Ungezogenen Kindern drohte man: „Wenn du nicht brav bist, kommst du ins Bauhaus."

1925 musste das Staatliche Bauhaus Weimar verlassen. Es war immer heftiger angefeindet worden, und der Staat hatte die Gelder für die Schule gestrichen. Was nun? Eine andere Stadt lud die Bauhaus-Leute ein: Dessau. Das liegt heute im Bundesland Sachsen-Anhalt. Dort konnte die Schule neu aufmachen. 1933 wurde das Bauhaus von Nationalsozialisten verboten und aufgelöst.

Info

Die Besichtigung des Direktorenzimmers ist in Absprache mit dem Sekretariat der Bauhaus-Uni möglich, Tel.: 03643/583448, oder im Rahmen einer Führung. Weitere Informationen vor Ort im Bauhaus. Atelier (Besucher- und Informationszentrum) im Innenhof des Hauptgebäudes

Adresse: Geschwister-Scholl-Straße 6a

Öffnungszeiten: Dienstag bis Samstag 10 bis 16 Uhr

Internet: www.uni-weimar.de

Bauhaus-Museum

Seit April 2019 gibt es in Weimar ein neues großes Museum, das sich ausschließlich mit dem Bauhaus, seinen Künstlern und Entwürfen beschäftigt.

Adresse: Stéphane-Hessel-Platz 1

Öffnungszeiten: montags von 10 bis 14.30 Uhr, Dienstag bis Sonntag jeweils von 10 bis 18 Uhr

Eintritt: Erwachsene 11 €, Schüler (17 bis 20 Jahre) 3,50 €, Kinder und Jugendliche bis 16 Jahre haben freien Eintritt. Ein Medienguide in deutscher und englischer Sprache ist im Eintritt inbegriffen.

Internet: www.bauhausmuseumweimar.de

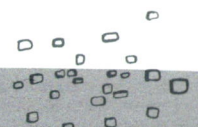

Wer war eigentlich ...?

Walter Gropius

Auf Fotos sieht man ihn oft mit Fliege und strengem Blick: Walter Gropius. Er gehört nach wie vor zu den berühmtesten Architekten der Welt. Das hat nicht nur mit den Gebäuden zu tun, die er entworfen hat, sondern auch mit der Schule, die er in Weimar gründete: das Staatliche Bauhaus.

Geboren wurde Walter Gropius in der Stadt Berlin. In seiner Familie spielte das Thema Bauen eine große Rolle: Sein Vater war Geheimer Baurat und sein Großonkel Martin war ein bekannter Architekt. Also studierte auch Walter Gropius Architektur.

Allerdings beendete er sein Studium nicht. Er begann stattdessen im Büro eines anderen berühmten Architekten zu arbeiten, lernte dort eine Menge praktischer Dinge und machte sich schließlich selbstständig. Seinen ersten großen Auftrag bekam er 1911. In Alfeld an der Leine sollte er ein neues Fabrikgebäude entwerfen. Die kleine Stadt liegt heute im Bundesland Niedersachsen. Das Besondere an dem Gebäude: Gropius ließ dort viel Stahl und Glas verbauen. Das war damals etwas total Neues. Mit seinem Entwurf wurde Walter Gropius in ganz Deutschland bekannt. Die Fabrik kann man übrigens heute noch besichtigen.

1919 gründete Walter Gropius in Weimar das Staatliche Bauhaus, eine Schule für Design und Architektur. Allerdings waren die Bauhaus-Leute ziemlich unbeliebt. Die Weimarer kamen mit ihrer Art zu leben und ihren Ideen überhaupt nicht klar. Deshalb musste die Schule Weimar auch verlassen – und 1925 in die Stadt Dessau umziehen. Einige Jahre später wurde das Bauhaus von den Nationalsozialisten verboten.

Daraufhin zog Walter Gropius erst nach Großbritannien und anschließend in die USA. Dort lebte er bis zu seinem Tod. Allerdings kam er immer wieder zum Arbeiten nach Deutschland, vor allem in seiner Heimatstadt Berlin gibt es einige Gebäude von ihm. Zum Beispiel die Gropiusstadt, eine riesige Siedlung mit Hochhäusern.

Der erste Versuch

Das Haus am Horn

Heute sagen die Leute: Oh, das ist Bauhaus! Das ist toll! Als das „Haus am Horn" gebaut wurde, vor knapp 100 Jahren, da sagten die Leute in Weimar: Oh, das ist Bauhaus! Das ist ja scheußlich!

Das „Haus am Horn" entstand 1923 als sogenanntes Musterhaus. Damals veranstaltete das Bauhaus eine große Ausstellung: Man wollte der Öffentlichkeit zeigen, was an der Schule gemacht und gelehrt wird. Das ist in etwa so, wie wenn deine Schule eine Ausstellung veranstaltet und jede Klasse muss ihre Bilder und Basteleien ausstellen.

Leider kam die Ausstellung überhaupt nicht gut an! Den Weimarern war das alles viel zu modern und abgedreht. Deshalb ist das „Haus am Horn" auch das einzige Bauhaus-Projekt, das in der Stadt verwirklicht wurde.

Ausgedacht hat sich das Haus ein Mann namens Georg Muche. Das Lustige: Er war gar kein Architekt! Mehrere Leute machten einen Vorschlag, wie das Haus aussehen könnte. Darunter auch der Chef des Bauhauses höchstpersönlich. Es wurde abgestimmt und man kam zu dem Entschluss: Muches Entwurf ist der beste!

In dem Haus sollte eine vierköpfige Familie leben können. In der Mitte gibt es einen großen, viereckigen Raum. Dort sollten sich die Familie und deren Freunde treffen. Heute würde man wohl sagen, das ist das Wohnzimmer. Die anderen Zimmer sind drum herum angeordnet und deutlich kleiner.

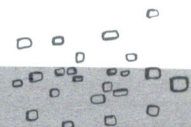

Natürlich gibt es auch ein Kinderzimmer! Die Möbel und Spielsachen dafür hat eine Frau entworfen. Sie heißt Alma Siedhoff-Buscher. Sie fand, Kindermöbel müssen praktisch sein – und flexibel. Man muss also verschiedene Dinge mit ihnen anstellen können. Aus einem Wickeltisch für Babys konnte man zum Beispiel später einen Schreibtisch machen. Und der Spielschrank mit Puppentheater-Tür verwandelte sich in ein Bücherregal. Einige von Almas Spielzeug-Entwürfen werden heute noch hergestellt.

Find's heraus!

Alma Siedhoff-Buscher hat auch einen Leiterstuhl entworfen. Hast du eine Idee, was man mit dem alles anstellen könnte?

Info

Adresse: Am Horn 61

Öffnungszeiten: vom 18. Mai bis 27. Oktober täglich, außer dienstags, von 10 bis 18 Uhr, im Winter von 10 bis 16 Uhr

Eintritt: Erwachsene 4,50 €, Kinder und Jugendliche unter 16 Jahren frei

Internet: www.klassik-stiftung.de

Alles wird anders

Der Wirtschaft geht es schlecht, viele Menschen sind arm, haben keinen Job und sind deshalb unzufrieden. Da kommt einer daher und sagt: Ich sorge dafür, dass es euch allen besser geht! Viele Menschen glaubten das – und gaben bei der nächsten Wahl ihre Stimme für Adolf Hitler und dessen Partei ab.

Die Nationalsozialisten gewannen die Wahl haushoch und kurze Zeit später wurde Hitler zum Reichskanzler ernannt, also zum Chef der deutschen Regierung. Von 1933 bis 1945 sollten die Nationalsozialisten in Deutschland das Sagen haben – mit schlimmen Folgen. Denn sie fingen an, Menschen auszugrenzen und gezielt zu verfolgen. Zum Beispiel, weil diese eine andere Meinung vertraten oder einer anderen Partei angehörten. Sie verfolgten aber auch Menschen, die behindert waren oder obdachlos, die der Kirche angehörten oder bestimmte Bücher schrieben.

Am schlimmsten verfolgten sie aber Menschen mit jüdischem Glauben: Die Juden wurden für alle möglichen Probleme verantwortlich gemacht. Sie wurden angefeindet, durften ihren Beruf nicht mehr ausüben und hatten keinerlei Rechte mehr. Außerdem mussten sie einen gelben, sechseckigen Stern auf ihrer Kleidung tragen – als Erkennungszeichen. Diese gezielte Verfolgung hat heute einen eigenen Namen: Man spricht vom Holocaust. Das Wort stammt aus der griechischen Sprache und bedeutet „völlig verbrannt". Denn viele Millionen Menschen wurden von den Nationalsozialisten in Konzentrationslager gesteckt und umgebracht. In Deutschland wussten viele Leute über diese Verfolgungen Bescheid und auch darüber, was mit den Menschen passierte – aber viele fanden das sogar gut.

1939 zettelten die Nationalsozialisten zudem den Zweiten Weltkrieg an. Rund fünf Jahre wurde in fast ganz Europa gekämpft, gebombt und geschossen. Auch hier verloren Millionen Menschen ihr Leben, und ganze Städte wurden in Schutt und Asche gelegt. Am Ende verlor Deutschland den Krieg – und wurde von den vier Ländern besetzt, die den Krieg gewonnen hatten. Man nennt sie auch Siegermächte. Das waren Großbritannien, die USA, Frankreich und die Sowjetunion. Sie gliederten das Land in sogenannte Besatzungszonen.

Das hatte weitreichende Folgen. Denn die Siegermächte waren sich nicht einig, was mit Deutschland passieren sollte – und so teilten sie das Land auf. Man spricht von der „doppelten Staatsgründung": Aus der westlichen Besatzungszone wurde die Bundesrepublik Deutschland, aus der sowjetischen Besatzungszone im Osten wurde die DDR, die Deutsche Demokratische Republik. Das war 1949.

Wie die Sowjetunion sollte auch die DDR ein kommunistischer Staat werden. Dementsprechend gab es in dem Land auch nur eine Partei, die SED. Zwar sollten im Land alle Menschen gleich sein und gleich viel besitzen, doch so richtig klappte das nicht. Denn oft nutzten die Politiker ihre Stellung aus und bereicherten sich auf Kosten der Bürger. Dabei mischte sich die Partei stark in das Leben der Menschen ein. Zum Beispiel bestimmte sie, wer studieren durfte und wer nicht. Wer eine andere Meinung vertrat und die auch noch laut sagte, konnte große Probleme bekommen und im Gefängnis landen.

Allerdings gab es in der DDR auch ein paar Dinge, die richtig modern waren. Zum Beispiel war es ganz normal, dass Frauen arbeiteten. Die Kinder gingen in die Kita oder nach der Schule in den Hort. Das sah in der Bundesrepublik ganz anders aus!

Auf den nächsten Seiten wollen wir herausfinden, welche Spuren des Nationalsozialismus es in Weimar gibt. Dazu schauen wir natürlich im Gauforum vorbei und beim Hotel Elephant. Aber auch den „langen Jakob" und die Jakobskirche wollen wir besuchen. Wenn du genügend Zeit hast, solltest du unbedingt ins Konzentrationslager Buchenwald fahren. Das ist zwar ein sehr trauriger, aber eben auch ein sehr wichtiger Ort. Denn er erinnert uns daran, was Menschen für schlimme Dinge tun können.

Lieber Führer, komm heraus …

Stell dich einmal in die Mitte des Marktplatzes und schau dich um. Was entdeckst du? Wahrscheinlich viele schöne Häuser! Doch eins scheint hier irgendwie nicht so richtig dazuzupassen. Errätst du welches? Es ist das Hotel Elephant.

Schon vor mehr als 300 Jahren stand an dieser Stelle ein Gasthaus. Doch das alte Gebäude wurde 1938 abgerissen. Stattdessen errichtete man dieses Haus, das du nun vor dir siehst. Gebaut wurde es für einen speziellen Gast. Sein Name: Adolf Hitler. Er war der Chef der Nationalsozialisten und hatte damals in Deutschland das Sagen. Er selbst nannte sich oft nur „der Führer".

Hitler war ein großer Fan von Weimar. Er besuchte die Stadt immer wieder. Das lag vielleicht auch daran, weil er hier schon früh besonders viele begeisterte Anhänger hätte. Wenn er zu Besuch war, übernachtete er immer in diesem Hotel. Siehst du den Balkon? Der wurde extra für Hitler gebaut, damit dieser von dort oben seine Reden halten konnte. Die Weimarer standen unten und riefen: „Lieber Führer, komm heraus aus dem Elefantenhaus."

1939 zettelten Hitler und die Nationalsozialisten einen fürchterlichen Krieg an, den Zweiten Weltkrieg. Millionen Menschen verloren dabei ihr Leben.

Adresse: Markt 19, Übernachtung im Hotel Elephant oder Essen im Restaurant AnnA (täglich 12 bis 22 Uhr)
Internet: www.hotel elephantweimar.com

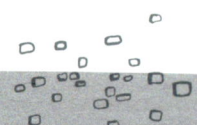

Groß und protzig

Das Gauforum

Irgendwie passen diese Gebäude überhaupt nicht hierher. Sie sind zu groß und zu wuchtig, wirken unfreundlich und fremd. Was soll man damit bloß anstellen? Darüber grübelt man in Weimar schon viele Jahre lang. Eine schöne Lösung hat man (bis jetzt) noch nicht gefunden.

Die Gebäude stammen aus der Zeit des Nationalsozialismus. Sie wurden ab 1936 gebaut – als sogenanntes Gauforum. Die Fläche, auf dem das Ganze steht, ist riesig: etwa fünfeinhalb Fußballfelder! Und das mitten in der Stadt. Mit den Bauten wollten die Nationalsozialisten ihre Macht demonstrieren. Und dabei galt: je größer und protziger, desto besser. Denn das Gauforum sollte das neue Stadtzentrum werden. Dafür wurden einfach ein schöner Park und etwa 140 Häuser plattgemacht.

Auch in anderen Städten sollten Gauforen entstehen, unter anderem in Hamburg, Dresden und Bayreuth. Doch nur in Weimar wurde es tatsächlich gebaut. Es war quasi das Vorzeigeprojekt: Die Gebäude wurden in einem Viereck angeordnet. Dadurch entstand in der Mitte ein großer Platz, auf dem die Nazis ihre Aufmärsche abhalten konnten. In den Gebäuden selbst waren vor allem Büros untergebracht. Allerdings ist das Gauforum nicht ganz fertig geworden. Geplant war zum Beispiel noch ein 63 Meter hoher Turm.

Was ist eigentlich ein Gau?

Um sich besser organisieren zu können, teilten die Nazis das Land in eigene Einheiten auf. Diese nannten sie Gau. Jeder Gau sollte einen zentralen Ort haben, an dem die Verwaltung zusammengefasst wurde, so wie in Weimar.

Heute ist es ein Einkaufszentrum. Ursprünglich sollte es aber eine Versammlungshalle für 20.000 Menschen werden. Bis zum Ende des Zweiten Weltkriegs hatte man aber nur den Rohbau fertig bekommen. Nach dem Krieg pappte man schnell eine Fassade dran, und im Keller wurden zeitweise Pilze angebaut.

Der NS-Zeit auf der Spur

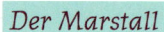 Der Marstall

In Weimar gibt es viele Spuren der NS-Zeit. Oft sind diese aber gar nicht so leicht zu erkennen. Hier im Marstall, direkt neben dem Residenzschloss, hatte zum Beispiel die Geheime Staatspolizei, kurz Gestapo, ihren Sitz. Sie sollte die angeblichen Feinde der Nationalsozialisten aufspüren. Das machte die Gestapo so: mit Bespitzelungen, Verhaftungen und Folter. Wenn die Gestapo einen auf dem Kieker hatte, nahm das meistens ein schlimmes Ende.

Ganz früher waren im Marstall unter anderem die Pferde des Herzogs untergebracht. Heute wird das Gebäude vom Thüringischen Hauptstaatsarchiv genutzt. Das bedeutet, es werden dort Akten, Dokumente und Urkunden aufbewahrt.

Adresse: Marstallstraße 2

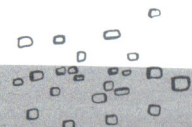

Nicht weit vom Marstall entfernt steht ein sogenanntes Ghettohaus. Die Nationalsozialisten zwangen Menschen mit jüdischem Glauben, ihre Häuser und Wohnungen zu verlassen. Sie mussten in „Ghettohäuser" ziehen und dort auf engstem Raum zusammenleben. In größeren Städten wurden die Menschen in bestimmten Stadtteilen zusammengetrieben. Auf diese Weise konnte die Gestapo die Menschen leicht überwachen. Der kleinste Anlass reichte aus, um verhaftet zu werden. So fuhr in Weimar einer der Bewohner einmal ohne Erlaubnis Fahrrad. Und eine Frau besaß unerlaubt ein paar Eier. Beide wurden verhaftet und in ein Konzentrationslager gesteckt.

Adresse: Brühl 6

Der traurigste Ort

Das Konzentrationslager Buchenwald **27**

Manche Leute in Weimar sagen, auf dem Ettersberg sei das Wetter immer besonders schlecht. So, als wollte das Wetter diesen Ort noch ein bisschen trauriger machen. Auf diesem Berg, etwa zehn Kilometer von Weimar entfernt, liegt das Konzentrationslager (KZ) Buchenwald. Zwischen 1937 und 1945 passierten hier oben fürchterliche Dinge: Rund 280.000 Menschen wurden hier von den Nationalsozialisten gefangen gehalten. Zum Vergleich: Das sind alle heutigen Einwohner Weimars – mal vier!

Das Wort „Konzentration" hat seinen Ursprung in der lateinischen Sprache. Es bedeutet so viel wie sammeln oder zusammenlegen. In solch einem Lager konnte im Prinzip jeder landen. Man musste zum Beispiel nur eine andere Meinung haben. Oder einer anderen Partei angehören. Aus einem anderen Land kommen. Oder einen bestimmten Glauben haben. Oder zu einer bestimmten Menschengruppe gehören, wie zu den Sinti und Roma.

Das KZ Buchenwald war ein sogenanntes Arbeitslager. Das bedeutet, die Leute mussten arbeiten bis zum Umfallen. Die Menschen litten Hunger, denn es gab nicht genug zu essen. Sie froren, denn sie hatten keine richtigen Kleider und Schuhe. Sie konnten sich nicht richtig waschen und waren auf engstem Raum zusammengepfercht.

Viele starben an Erschöpfung oder an Krankheit. Tausende wurden aber auch von den Nationalsozialisten gefoltert und ermordet. Allein hier in Buchenwald und den kleineren Außenlagern starben etwa 56.000 Menschen.

Das Torhaus

Ins Lager kommt man nur durch dieses Tor. Man kann daran einen Spruch lesen: „Jedem das Seine." Hast du eine Idee, was das bedeuten soll? Es meint: Jeder kriegt, was er verdient. Ursprünglich stammt dieser Ausspruch aus der Antike, er ist also schon mehr als 2.000 Jahre alt. Er wurde unter anderem im römischen Recht verwendet – und sollte Gerechtigkeit und Gleichheit ausdrücken! Und nicht wie hier Brutalität und Ausgrenzung.

An den Toren anderer KZs standen ähnliche Sprüche. Das Besondere in Buchenwald ist aber, dass hier die Buchstaben nach innen zeigen, also ins Lager hinein. Der Spruch war also direkt an die Häftlinge gerichtet. In anderen KZs zeigen die Buchstaben dagegen nach außen.

Wenn du durch das Tor ins Lager gehst, entdeckst du links im Boden eine Metallplatte. Fass mal in die Mitte der Platte. Was spürst du?

Gedichte und Zeichnungen

Siehst du all die großen rechteckigen Felder mit den dunklen Steinen? Dort standen früher die Baracken für die Gefangenen. Auch mehrere Tausend Kinder und Jugendliche waren im KZ Buchenwald eingesperrt. Die meisten waren ohne ihre Eltern hier.

Im Lager gab es aber einige mutige Häftlinge, wie beispielsweise den evangelischen Pfarrer Paul Schneider. Man nennt ihn auch den „Prediger von Buchenwald". Immer wieder sprach er seinen Mitgefangenen Mut zu und predigte aus der Bibel. Und es gab auch Häftlinge, die sich besonders um die Kinder kümmerten. Das waren unter anderem Robert Siewert, Franz Leitner und Wilhelm Hammann. Vielleicht entdeckst du in der großen Ausstellung ein Bild von ihnen!? Du findest die Ausstellung im sogenannten Kammergebäude. Das ist das große Haus im unteren Bereich des Lagers. Die Männer sorgten zum Beispiel dafür, dass die Kinder und Jugendlichen in einer eigenen Baracke untergebracht wurden. Außerdem richteten sie Schulen ein.

Wusstest du, dass ...

... die Menschen im KZ ihre Kleider abgeben mussten? Stattdessen mussten sie einen blau-weiß gestreiften Häftlingsanzug tragen. Außerdem wurden ihnen die Haare abrasiert.

Tipp:
Es liegt in einer Vitrine im zweiten Stock.

Einer der Jugendlichen hier im KZ war Johann Stojka. Er stammte aus Österreich, hatte dunkle Haare und er war etwa 15 Jahre alt, als er hierher gebracht wurde. Johann schrieb ein Gedicht über das Leben im Lager und machte dazu Zeichnungen. Sein Gedichtbuch kannst du heute noch anschauen. Findest du es in der Ausstellung?

Wenn der Baum fällt

Wenn du über das Gelände läufst, fällt dir dann etwas auf? Die Nazis haben hier alle Bäume abgeholzt. Nur eine einzige Eiche ließen sie stehen! Die sogenannte Goethe-Eiche. Ihren Baumstumpf kannst du heute noch sehen, er steht vor dem Kammergebäude.

Zu diesem Baum gibt es eine Legende. Es hieß: Wenn dieser Baum fällt, dann bricht auch das Deutsche Reich zusammen – und die Herrschaft der Nazis ist beendet. Bei einem Bombenangriff wurde der Baum schwer getroffen und anschließend gefällt. Für viele Häftlinge war das ein Zeichen! Und tatsächlich, kurze Zeit später war der Krieg zu Ende und der Anführer der Nationalsozialisten, Adolf Hitler, tot.

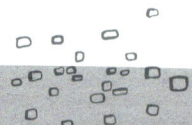

Ach so!

Nach dem Krieg wurde das Lager nicht sofort geschlossen. Stattdessen wurde es von sowjetischen Truppen als Gefängnis genutzt. In das „Speziallager Nr. 2" kamen zum Beispiel Politiker, Parteileute, Soldaten und Offiziere. Sie sollten für ihre Verbrechen in der Nazi-Zeit bestraft werden. Allerdings landeten in dem Lager auch viele Unschuldige. Anfang 1950, kurz nach der Gründung der DDR, wurde das Lager endgültig aufgelöst.

Find's heraus!

Beobachte einmal die anderen Besucher. Wie verhalten sie sich?

Die Uhr im Torgebäude wurde um genau 15.15 Uhr angehalten. Hast du eine Idee, was um diese Uhrzeit passiert sein könnte?

Für Eltern!

Es wird empfohlen, die ehemaligen Arrestzellen und das ehemalige Krematorium nicht mit Kindern unter 12 Jahren zu besuchen.

Info

Öffnungszeiten: von April bis Oktober jeweils Dienstag bis Sonntag von 9 bis 18.20 Uhr, von November bis März jeweils Dienstag bis Sonntag von 9 bis 16.20 Uhr

Anfahrt: mit der Buslinie 6 stündlich ab Goetheplatz (immer zur Minute 45) oder ab Weimar Hbf, die Fahrzeit beträgt ca. 20 Minuten

Internet: www.buchenwald.de

Konzert für Buchenwald

Im ehemaligen Weimarer Straßenbahndepot gibt es ein besonderes Konzert – nämlich eines ohne Musik! Das „Konzert für Buchenwald" ist kein richtiges Konzert, sondern eine Kunst-Installation. Geschaffen hat sie die Künstlerin Rebecca Horn.

Was kann man dort sehen? Auf einem Schienenstrang stapeln sich alte, gebrauchte Musikinstrumente. Ein Transportwagen fährt zwischen den Musikinstrumenten und einer Wand hin und her. Am Ende der Schienen prallt der Wagen mit einem lauten Knall gegen die Mauer und Blitze steigen empor.

Hast du eine Idee, warum es ein stilles Konzert ist? Es ist niemand mehr da, der die Instrumente spielen könnte. Die Menschen sind alle im Konzentrationslager Buchenwald ums Leben gekommen.

Info

Adresse: Am Kirschberg 4, Straßenbahndepot

Öffnungszeiten: 25. März bis 27. Oktober jeweils
Samstag und Sonntag von 11 bis 17 Uhr

Internet: www.klassik-stiftung.de

Hallo Teddy!

Das Thälmann-Denkmal am Buchenwaldplatz

Wusstest du, dass ...

... man in verschiedenen Ländern versuchte, die Ideen des Kommunismus umzusetzen? Doch auf Dauer klappte das meistens nicht. So wie zum Beispiel in der DDR, der Deutschen Demokratischen Republik. Sie existierte von 1949 bis 1990. Heute sind das die Bundesländer Thüringen, Sachsen, Sachsen-Anhalt, Brandenburg und Mecklenburg-Vorpommern.

Auf dem Weg vom Bahnhof in die Innenstadt (Carl-August-Allee) kommst du an einem großen Platz vorbei, dem Buchenwaldplatz. Im hinteren Teil des Platzes steht die Statue eines Mannes: Er trägt einen Anzug und seine rechte Hand hat er zu einer Faust geballt. Das ist Ernst Thälmann. Er war der Vorsitzende der Kommunistischen Partei Deutschlands, kurz KPD. Sein Spitzname: Teddy.

Der Begriff Kommunismus kommt vom lateinischen Wort „communis" und heißt übersetzt „gemeinsam". Die Idee des Kommunismus kam bereits vor etwa 170 Jahren auf. Damals entstanden in Europa immer mehr Fabriken, in denen die Menschen für wenig Lohn arbeiteten. Während die Fabrikbesitzer immer reicher wurden, blieben die Arbeiter arm. Das fanden einige Leute nicht in Ordnung und forderten deshalb: Alle Menschen sollten gleich viel besitzen. Für diese Idee kämpfte später auch Ernst Thälmann.

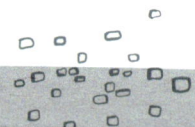

Als die Nationalsozialisten 1933 an die Macht kamen, wurden er und andere Politiker jedoch wegen ihrer Ansichten verfolgt, verhaftet und in Konzentrationslager (KZ) gesteckt. Im KZ Buchenwald, ganz in der Nähe von Weimar, wurde Ernst Thälmann 1944 umgebracht. Um an ihn zu erinnern, wurde später dieses Denkmal errichtet.

Ach so!

Wenn deine Eltern oder Großeltern in der DDR aufgewachsen sind, kennen sie „Teddy" bestimmt! Denn Kinder ab der vierten Klasse sollten bei den Thälmann-Pionieren mitmachen. Man legte ein Gelöbnis ab, trug eine Uniform, so ähnlich wie die Pfadfinder, und traf sich zu Pionier-Nachmittagen. Dort wurde zum Beispiel gebastelt und gesungen – und besonders vorbildliche Pioniere durften im Sommer mit ins Pionierlager.

Hammer, Sichel, roter Stern

Der Sowjetische Ehrenfriedhof 29

Vor mehr als 70 Jahren tobte in Europa ein fürchterlicher Krieg, der Zweite Weltkrieg. Angezettelt wurde er von Deutschland – und zwar genau am 1. September 1939. Damals überfielen deutsche Soldaten unser Nachbarland Polen. Doch dabei blieb es nicht. Nacheinander erklärte Deutschland vielen anderen Ländern in Europa den Krieg, unter anderem der damaligen Sowjetunion.

Sechs Jahre dauerte der Krieg, viele Millionen Menschen verloren in dieser Zeit ihr Leben. Einige von ihnen liegen auf diesem Friedhof begraben. Genauer gesagt: Es sind 650 sowjetische Soldaten. Sie alle haben im Zweiten Weltkrieg gekämpft. In der Mitte des Friedhofs steht ein Denkmal mit der Aufschrift: „Ewiger Ruhm den Helden 1941–1945."

Schau dir einmal die Buchstaben auf dem Denkmal und den Grabsteinen an. Fällt dir etwas auf? Sie sehen anders aus als die Buchstaben, wie wir sie kennen. Diese Schrift nennt man Kyrillisch. Sie wird heute noch unter anderem im Russland verwendet. Früher war das Land einmal Teil der Sowjetunion.

Ach so!

Nachdem Deutschland den Krieg verloren hatte, wurde es von den Siegermächten besetzt. Das waren Großbritannien, Frankreich, die USA und die Sowjetunion. Sie teilten das Land in vier Besatzungszonen auf. Weimar lag in der sowjetischen Zone, deshalb gibt es hier einen solchen Friedhof.

Der rote Stern

Er ist eine Art Erkennungszeichen. Früher war er auf der Flagge der Sowjetunion abgebildet. Das war ein gigantisch großer, kommunistisch regierter Staat. Zu ihm gehörten bis 1991 viele Länder, die heute eigenständig sind, unter anderem Russland, Weißrussland und die Ukraine.

Adresse: im Ilmpark, gegenüber der Parkhöhle bzw. Mensa der Bauhaus-Universität

Weimars einziges Hochhaus

Der „Lange Jakob"

Eigentlich trägt dieses Gebäude den Namen Jakobsplan, aber in Weimar wird es einfach nur der „Lange Jakob" genannt. Es ist das einzige Hochhaus der Stadt. Gebaut wurde es vor rund 50 Jahren als Studentenwohnheim – und das ist es auch heute noch.

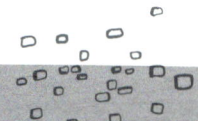

Der „Lange Jakob" ist ein sogenannter Plattenbau. Diese Bauweise wurde nach dem Zweiten Weltkrieg entwickelt, denn damals mussten sehr schnell sehr viele neue Wohnungen gebaut werden. Deshalb nahm man vorgefertigte Teile aus Beton und setzte diese zu einem Gebäude zusammen. Das ging ruckzuck! In der DDR wurden viele solche Plattenbauten hochgezogen. Aber nicht nur dort. Auch in Städten wie München, Köln oder Hamburg stehen solche „Platten".

Ach so!

Entworfen wurde der „Lange Jakob" von einer Frau. Sie heißt Anita Bach und war die erste Professorin für Architektur in der DDR! Sie lehrte viele Jahre hier in Weimar an der Universität.

Find's heraus

Aus dem obersten Stock des Gebäudes hat man einen super Blick über die Stadt.

Adresse: Jakobsplan 1

Hier ist was in Bewegung

Was muss man über die Jakobskirche wissen? Vielleicht, dass es die älteste Kirche Weimars ist. Oder dass hier der Maler Lucas Cranach beerdigt wurde. An der Außenseite der Kirche kannst du noch eine Kopie seiner Grabplatte entdecken. Oder dass hier Johann Wolfgang von Goethe seine Christiane Vulpius geheiratet hat. Direkt gegenüber von Cranachs Grab ist sie übrigens auch begraben.

Was man noch wissen muss? Die Jakobskirche ist auch eine sogenannte Friedenskirche. Das hat mit dem Jahr 1989 und einem Land namens DDR zu tun. Vor rund 30 Jahren gab es nämlich nicht nur ein Deutschland, sondern zwei: Die Bundesrepublik Deutschland, kurz BRD, und die Deutsche Demokratische Republik, kurz DDR. Zu diesem Land gehörte damals auch die Stadt Weimar.

1989 kam in der DDR etwas in Bewegung, was man die „Friedliche Revolution" nennt. Immer mehr Menschen gingen damals auf die Straße und demonstrierten gegen die Politik ihres Landes. Sie riefen: „Wir sind das Volk!" Die Menschen forderten Veränderung – und sie wollten mehr Rechte! Zum Beispiel forderten sie die Reisefreiheit. Also das Recht, dahin reisen zu dürfen, wohin sie wollten. Außerdem kämpften sie für das Recht, frei ihre Meinung äußern zu dürfen. Das war in der DDR verboten.

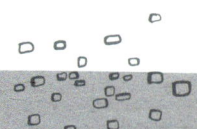

Auch in Weimar gab es immer mehr unzufriedene Menschen, darunter viele Jugendliche. Sie trafen sich immer montags hier in der Jakobskirche. Denn hier war ein geschützter Raum, in dem man relativ frei diskutieren konnte. Der damalige Pfarrer der Jakobskirche hieß Erich Kranz. Er setzte sich sehr stark für die Friedliche Revolution ein. Er organisierte Gesprächsrunden und machte auch bei den Demonstrationen mit. Später wurde er sogar zum Ehrenbürger der Stadt ernannt.

Tipp:
Der Kirchturm der Jakobskirche ist frei zugänglich. Einfach mal hochklettern, rausschauen und einen tollen Blick über Weimar genießen!

Ach so!

Am 9. November 1989 gab es in der Stadt Berlin wegen der Demonstrationen eine große Pressekonferenz der Regierung. Auf der wurde bekannt gegeben, dass die Menschen frei aus der DDR ausreisen dürften. Ein Politiker wurde gefragt, ab wann das gelte. Und er antwortete: Ich glaube sofort! Plötzlich strömten Tausende Menschen zur Grenze zur BRD und feierten. Was da noch keiner wusste, kurze Zeit später sollte es die DDR nicht mehr geben, der Staat brach zusammen. Im Oktober 1990 schlossen sich dann die DDR und die BRD zu einem gemeinsamen Land zusammen. Das ist das Deutschland, wie wir es heute kennen.

Weimar von A bis Z

B wie Brunnen

In Weimar gibt es heute noch 30 Stück davon! Auf fast jedem Platz kann man einen Brunnen entdecken, denn früher waren sie wichtig für die Wasserversorgung. Im Jahr 1864 ließ ein Apotheker am heutigen Goetheplatz einen besonderen Brunnen bauen, nämlich einen für Hunde. Dazu ließ er unterhalb des großen Wasserbeckens noch ein niedriges Trinkbecken aufstellen. Entdeckst du noch andere Hunde-Brunnen in der Stadt?

E wie Essen

In Weimar gibt es viele Restaurants und Cafés. Hier ein paar Tipps: Thüringer Leckereien gibt es zum Beispiel im Köstritzer Schwarzbierhaus (Scherfgasse 4, übrigens das schönste Fachwerkhaus der Stadt!) oder im Gasthaus Scharfe Ecke (Eisfeld 2, das mit der „Kloßmarie" vor der Tür).

Für Pizza und Spaghetti kannst du in die Pizzeria da Antonio (Windischenstraße 33) gehen oder ins Ristorante und Pizzeria Versilia (Frauentorstraße 17, gleich beim Goethe-Haus).

Besonders kinderfreundlich geht es in Gretchens Restaurant & Café zu (Seifengasse 8, im Familienhotel Weimar, gleich neben dem Goethe-Haus). Leckeres Eis gibt es in der Gelateria Giancarlo (Schillerstraße 11) oder im Eiscafé Venezia (Theaterplatz 1, direkt beim Deutschen Nationaltheater), und die besten Pommes bekommst du bei Fritz Mitte (Schützengasse 8).

G wie Graffiti

Davon gibt es in Weimar ein paar ziemlich coole! Schau dich einfach einmal in der Stadt um. Bestimmt entdeckst du welche.

H wie Hauswand

Wenn man durch die Stadt spaziert, kann man an einigen Hauswänden schlaue Sprüche entdecken. Sie wurden groß mit Farbe hingemalt. Zum Beispiel ein Spruch von Martin Luther: „Die Welt ist voll alltäglicher Wunder". Entdeckst du noch mehr solcher Sprüche?

J wie Johann

In Weimar tragen viele berühmte Männer den gleichen Vornamen. Zum Beispiel Johann Gottfried Herder, Johann Wolfgang von Goethe oder Johann Friedrich Schiller. Der Name Johann bedeutet „Gott ist gnädig".

K wie Kennzeichen

Das Kennzeichen von Weimar lautet: WE. Mit diesen zwei Anfangsbuchstaben kann man verschiedene Wörter bilden. Fallen dir welche ein?

L wie Lehrstuhl

Er ist schwerer als drei Elefanten und mehr als sieben Meter hoch – der „Lehrstuhl". Oder auch der „leere Stuhl". Das Kunstwerk steht vor der Bibliothek der Bauhaus-Universität an der Steubenstraße 6–8. Der riesige Stuhl wurde aus neun Baumstämmen gebaut.

N wie Name

Woher kommt eigentlich der Name Weimar? Forscher vermuten, dass das Wörtchen „wei" aus der altgermanischen Sprache stammt und so viel wie „heilig" bedeutet. Beim Wörtchen „mar" sind sich die Forscher nicht ganz sicher. Sie vermuten, es könnte ein altes Wort für Gewässer oder See sein.

R wie Rostbratwurst

Wenn du in Weimar unterwegs bist, kommst du an ihr nicht vorbei: der Thüringer Rostbratwurst! Sie ist quasi das Nationalessen der Thüringer. Aber in Thüringen wird nicht „gegrillt". Sondern „gebraten". Und das passiert nicht auf einem Grill, sondern man sagt „Rost".

wie Riese

Die Arme hat er gemütlich vor dem Bauch verschränkt, sein linkes Bein ist lässig angewinkelt. Der „versunkene Riese" liegt bequem auf dem Frauenplan. Auf ihm herumturnen? Absolut erlaubt!

S wie Stadtwappen

Das Weimarer Wappen sieht ziemlich knuffig aus. Es ist goldfarben und zeigt einen schwarzen Löwen, der die Zunge herausstreckt. Um ihn herum sind kleine rote Herzen. Die Stadt trägt dieses Wappen schon seit vielen Hundert Jahren. Es war ursprünglich das Erkennungszeichen der Grafen von Orlamünde. Diese herrschten früher einmal über die Stadt. Hättest du auch gerne ein eigenes Wappen? Denk dir doch einfach mal eines aus.

wie Schittchen

Bestimmt hast du schon einmal was vom Christstollen gehört. In Thüringen nennt man das Weihnachtsgebäck aber nicht Stollen, sondern Schittchen.

U wie Urmensch

Schon vor etwa 200.000 Jahren lebten Menschen in der Gegend um Weimar. Man hat ihre Knochen gefunden – in einem Steinbruch in Ehringsdorf, einem Stadtteil von Weimar. Deshalb nennt man sie „Ehringsdorfer Urmenschen". Sie gehörten zu den Neandertalern, konnten mit Feuer umgehen und Werkzeuge aus Stein herstellen. Sie zogen als Jäger umher und jagten zum Beispiel Waldelefanten.

W wie Weimaraner

Darüber, wie die Hunderasse entstanden ist, gibt es verschiedene Geschichten. Fest steht aber, dass der Herzog von Weimar diese Hunde schon vor rund 200 Jahren an seinem Hof hielt. Weimaraner werden vor allem zur Jagd eingesetzt. Es sind sogenannte Vorstehhunde. Das bedeutet: Sie zeigen an, wenn sie Beute entdeckt haben. Dann bleiben sie plötzlich stehen, heben ihr vorderes Bein und winkeln es an.

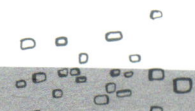

Hier ist was los!

Genius Loci

Dieses alljährlich im August stattfindende Festival für Fassaden-Projektionen solltest du dir nicht entgehen lassen, falls du da gerade in Weimar bist! Mit Laser werden an verschiedene Gebäude der Altstadt Bilder und Muster projiziert. Ganz Weimar ist dann abends unterwegs!
www.genius-loci-weimar.org

Haseneiersuche auf den Ilmwiesen

Am Gründonnerstag vor Ostern findet im Garten und auf der Wiese vor Goethes Gartenhaus die berühmte Haseneiersuche statt. Kinder können an diesem Tag auf die Suche nach süßen Überraschungen gehen. Diese Tradition gibt es schon seit rund 240 Jahren. Ausgedacht hat sich das Ganze der Dichter Johann Wolfgang von Goethe.

Kino

Das Wetter ist schlecht? Oder die Füße tun vom vielen Herumlaufen weh? Dann ab ins Kino! Im „mon ami" laufen Filme für Kinder. Jeweils samstags und sonntags um 15 Uhr.
Adresse: Goetheplatz 11
Internet: www.kinomonami.de

Weitere Kinos:
Lichthaus-Kino im alten Straßenbahndepot (Am Kirschberg 4)
www.lichthaus.info
Cinestar (Schützengasse 14)
www.cinestar.de/kino-weimar/info

Kino in 3D

Das Cinemagnum ist ein Kino im Atrium in Weimar. Hier kannst du Filme in 3D schauen. Um zu erfahren, was alles so läuft, schau einfach nach im
Internet: https://www.cinecitta.de

Konzerte im Nationaltheater

Im Nationaltheater finden regelmäßig Konzerte und Opernaufführungen für Kinder und Familien statt. Was wann gespielt wird, erfährst du auf der Internetseite des Theaters. Schau einfach mal unter „Spielplan" nach.
Internet: www.nationaltheater-weimar.de

Theater für Kinder

Im Galli Theater gibt es Theaterstücke speziell für Kinder. Karten kosten für Kinder 5 €, für Erwachsene 7 €. Die Vorstellungen beginnen in der Regel um 16 Uhr.
Adresse: Windischenstraße 4–6 (im Restaurant Shakespeares)
Internet: www.galli-weimar.de

Zwiebelmarkt

Am zweiten Wochenende im Oktober ist es immer so weit: Dann wird in Weimar Zwiebelmarkt gefeiert. Es ist das älteste Volksfest Thüringens – und auch eines der größten. Drei Tage wird jeweils gefeiert, und natürlich dreht sich dabei alles um die Zwiebel.

Planschen im Schwanseebad

Für Wasserratten genau der richtige Ort – sowohl im Sommer als auch im Winter. Das Bad hat eine Schwimmhalle und ein angeschlossenes Freibad.
Adresse: Hermann-Brill-Platz 2
Internet: www.sw-weimar.de

Eislaufbahn

Von Ende November bis Anfang Januar verwandelt sich der Platz vor dem Deutschen Nationaltheater in eine große Eislaufbahn.
Internet: www.weimar-on-ice.de

DAV Kletterhalle

Wer gern kraxelt und klettert, kann der Kletterhalle einen Besuch abstatten. Ausrüstung kann vor Ort geliehen werden. Mittwochs um 18 Uhr wird ein Schnupperklettern angeboten, Voranmeldung nötig.
Adresse: Kromsdorfer Straße 11
Internet: www.kletterhalle-weimar.de

Hier gibt's was zu sehen

Museen in Weimar

Bauhaus-Museum

(siehe Seite 64)

Deutsches Bienenmuseum

Hier erfährst du alles rund um das Thema Bienen und Honig und die Geschichte der Imkerei. Man erreicht das Bienenmuseum durch einen Spaziergang durch den Ilmpark (ca. 15 Min.).
Adresse: Ilmstraße 3
Öffnungszeiten: täglich außer montags, November bis März von 10 bis 17 Uhr, April bis Oktober von 10 bis 18 Uhr
Eintritt: Familien (2 Erwachsene plus Kinder) 8 €
Internet: www.bienenmuseum.lvthi.de

Goethes Gartenhaus

(siehe Seite 46)

Goethe-Nationalmuseum mit Goethes Wohnhaus

(siehe Seite 36)

Haus am Horn

(siehe Seite 66)

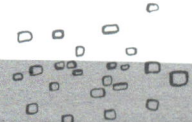

Haus Hohe Pappeln

(siehe Seite 59)

Liszt-Haus

Hier wohnte von 1869 bis 1886 der Komponist Franz Liszt. Aber nur im Sommer. Wenn es kalt wurde, zog er nach Rom oder Budapest um.

Adresse: Marienstraße 17
Öffnungszeiten: täglich außer dienstags, Januar bis März und Oktober bis Dezember 10 bis 16 Uhr, April bis 26. Oktober 10 bis 18 Uhr
Eintritt: 4,50 €, Kinder und Jugendliche unter 16 Jahren frei
Internet: www.klassik-stiftung.de

Neues Museum Weimar

Im neuen Museum kann man in der Ausstellung „Van de Velde, Nietzsche und die Moderne um 1900" internationale Kunstwerke anschauen.

Adresse: Jorge-Semprún-Platz 5
Öffnungszeiten: täglich außer dienstags 10 bis 18 Uhr
Eintritt: 8 €, Kinder und Jugendliche unter 16 Jahren frei
Internet: www.klassik-stiftung.de

Schillers Wohnhaus

(siehe Seite 31)

Museum für Ur- und Frühgeschichte

Wie lebten die Menschen in der Steinzeit? Wie fühlt sich ein Faustkeil an? Was kann man aus Knochen lesen? Das und viel mehr erfährst du im Museum für Ur- und Frühgeschichte. Dort gibt es unter anderem spezielle Kinderführungen und Mitmach-Aktionen (weitere Infos gibt es bei der Museumspädagogik unter 0361/57 3223-330)

Adresse: Humboldtstraße 11
Öffnungszeiten: montags geschlossen, dienstags von 9 bis 18 Uhr, mittwochs bis freitags von 9 bis 17 Uhr, samstags und sonntags von 10 bis 17 Uhr
Eintritt: Familien 6 €
Internet: www.alt-thueringen.de

Weimar Haus

Hier gibt es Geschichte zum Anfassen und Bestaunen.

Adresse: Schillerstraße 16
Öffnungszeiten: täglich von 9.30 bis 18 Uhr
Eintritt: Erwachsene 7 €, Kinder 5 €, beim Familienticket (2 Erwachsene mit mindestens 2 Kindern) gibt es 15 Prozent Rabatt
Internet: www.weimarhaus.de

Hier kann man mitmachen

Führungen, Rucksacktouren und mehr

BAU. Die Werkstatt der Bauhaus Agenten

BAU ist die temporäre Werkstatt der Bauhaus Agenten Weimar in der Other Music Academy für alle ab sieben Jahren. Es findet ein wechselndes Programm angeleitet von Künstlern, Architekten und Designern statt. Hier wird experimentiert, probiert und gebaut. Wie im echten Bauhaus.

Adresse: Ernst-Kohl-Straße 23, im ersten Stock
Eintritt: frei, keine Anmeldung nötig
Kommende Termine: unter facebook.com/bauhausagenten
Telefon: 03643/545-491

Studiolo – offene Werkstatt in Schillers Wohnhaus

Immer freitags bis sonntags hat das Studiolo in Schillers Wohnhaus geöffnet. In der Werkstatt kannst du mit unterschiedlichen Materialien experimentieren. Die Teilnahme ist kostenfrei.

Öffnungszeiten: freitags von 13 bis 16 Uhr sowie samstags und sonntags von 11 bis 16 Uhr

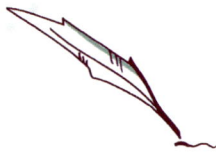

Führungen für Kinder

Schiller-Haus (Schillerstraße 12)

Zu Besuch in Schillers Wohnhaus: interaktive Kinderführung in Schillers Wohnhaus
Jeden Samstag um 10 Uhr

Schloss Belvedere (Schloss und Park Belvedere, Weimar-Belvedere)

Tore auf! Die Herzöge bitten zum Empfang: interaktive Kinder-Erlebnisführung zur Hof- und Tafelkultur der Goethezeit im Schloss Belvedere.

Führungen: Von April bis Oktober jeden 2. Sonntag im Monat um 14 Uhr.
Anfahrt: Buslinie 1 ab Goetheplatz

Wittumspalais (Am Palais 3)

Ein fürstlicher Auftritt: Führung mit Kostümwerkstatt im Wittumspalais. Bitte eine Kamera oder ein Smartphone mitbringen.
Führung: Jeden 3. Sonntag im Monat um 14 Uhr.

Rucksacktouren

Die Klassik Stiftung Weimar bietet für Kinder sogenannte Rucksacktouren an. Für jede Tour gibt es einen besonderen Rucksack. In dem steckt unter anderem ein

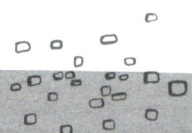

Heft, das dich zu ganz verschiedenen Orten führt. Daneben gilt es kniffelige Aufgaben zu lösen, lustige Spiele und spannende Dinge zu entdecken. Eine Tour dauert etwa 2 Stunden. Die Rucksäcke kannst du von April bis Oktober jeweils für 5 Euro ausleihen. (20 Euro Pfand)

Bisher gibt es fünf Touren:
- **Abenteuer Garten**. Auf Entdeckungstour durch Goethes Garten am Stern (Ausleihe: Wittumspalais)
- **Unterwegs mit Fritz von Stein**. Auf Entdeckungstour durch den Park an der Ilm (Ausleihe: Wittumspalais)
- **Spurensuche**. Mit den Bauhaus-Bags durch Weimar (Ausleihe: Bauhaus-Museum)
- **Experiment Natur**. Auf Entdeckungstour durch den Schlosspark Belvedere (Ausleihe Schloss Belvedere)
- **Der Reformation auf der Spur**. Luther, Cranach und die Ernestiner in Weimar (Ausleihe: Wittumspalais)

Weitere Infos unter:
www.klassik-stiftung.de

Wichtige Adressen

Tourist Info

Hier gibt es Stadtpläne und weitere Informationen rund um Weimar, zum Beispiel zu aktuellen Veranstaltungen. Dort hat auch die Klassik Stiftung Weimar einen Informationsstand.
Adresse: Markt 10
Öffnungszeiten: von Montag bis Samstag von 9.30 bis 18 Uhr, sonntags von 9.30 bis 14 Uhr
Internet: www.weimar.de

Ärzte in Weimar

Du wirst während deines Weimar-Besuchs krank? Keine Sorge, hier findest du alle Ärzte und erfährst, wer gerade Notdienst hat.
Telefon: 116 117
Internet: www.aerztenetz-weimar.de

Klinikum Weimar

Sophien- und Hufeland-Klinikum gGmbH
Henry-van-de-Velde-Straße 2
99425 Weimar
Tel. 03643/570

Supermärkte

Wenn du während deines Weimar-Besuchs schnell mal etwas einkaufen willst, zum Beispiel etwas zu trinken, dann kannst du das am Wielandplatz tun. Dort gibt es einen kleinen Supermarkt (Steubenstraße 2). Einen weiteren Supermarkt gibt es im Goethe-Kaufhaus am Theaterplatz. Oder im Weimar Atrium (Friedensstraße 1).

Find's heraus! Lösungen

**Cranach Haus /
Tratschsteine**
Weitere Tratschsteine
findest du am Markt-
platz zum Beispiel an
der Hofapotheke. Auch
hinter der Stadtkirche,
am ehemaligen Wohn-
haus von Gottfried Her-
der, kannst du Tratsch-
steine entdecken.

**Goethe-Schiller-
Denkmal**
Die Weste von Friedrich
Schiller ist falsch zuge-
knöpft. Das hat der
Künstler absichtlich so
gemacht. Dadurch sieht
Schiller nämlich kühn
und verwegen aus und
gar nicht so ordentlich
wie Goethe.

**Umfrage:
Welche Theaterstücke
stammen von Goethe?**
Goethe hat unter ande-
rem folgende Dramen
verfasst: Faust (Teil 1
und Teil 2), Iphygenie
auf Tauris, Götz von
Berlichingen, Egmont,
Torquato Tasso.

Anna Amalia Bibliothek
Die Bücher im Rokoko-
saal der Anna Amalia
Bibliothek haben einen
kleinen Aufkleber mit
Buchstaben und Zahlen
darauf. Es ist ein Code.
Man nennt das auch
Signatur. Alle Bücher in
einer Bibliothek bekom-
men so einen Code.

Denn auf diese Weise
kann man Bücher ein-
facher finden. Die Sig-
natur besteht meistens
aus einem Mix aus
Buchstaben und Zah-
len. Zum Beispiel: A
206. Der Buchstabe
ganz vorne verrät oft,
aus welcher Zeit ein
Buch stammt oder in
welchem Regal man es
finden kann.

**Rezept: Krause
Jägerschnitten**
„Es werden 4 Eyweiß zu
Schaum geschlagen, ein
halb Pf Zucker und ein
halb Pf gestoßene Man-
deln darein gerührt,
geschnittene Citronen,
citronat, Zimmt, Nägeln
[...] geschnitten, wohl
untereinander gemacht,
jedes Makronen Deil,
auf Oblaten gestrichen,
fingersbreit Nüdlein
daraus geschnitten und
in einem nicht so hei-
ßen Ofen gebacken."

**Das Herder-Grab in der
Stadtkirche**
Eine Schlange, die sich
selbst in den Schwanz
beißt - was könnte das
bedeuten? Dieses Sym-
bol steht für Ewigkeit.
Denn auf diese Weise
hat die Schlange keinen
Anfang und kein Ende
mehr.

**Das Wandbild in der
Bauhaus-Universität**
In dem Wandbild fehlt
eine Farbe – nämlich
grün! Für die Bau-
haus-Leute war klar: Grün
ist die Farbe der Natur
und gehört deshalb nicht
nach drinnen, sondern
nach draußen.

**Das Torhaus von
Buchenwald**
Die Uhr im Torhaus
wurde um genau 15.15
Uhr angehalten. Denn
um diese Uhrzeit wurde
das Konzentrationsla-
ger von amerikani-
schen Soldaten befreit.
Das geschah am
11. April 1945.

**Metallplatte in
Buchenwald**
Wenn du in die Mitte
der Metallplatte fasst,
dann spürst du, dass sie
warm ist. So warm wie
ein menschlicher Kör-
per! Die Wärme hat
eine doppelte Bedeu-
tungen: Zum einen soll
sie an die Menschen
erinnern, die hier im
KZ gestorben sind. Zum
anderen erinnert sie an
die Menschen, die das
KZ überlebt haben.